THINK TANK
智库论策

金融加速器视角下
货币政策冲击的产出效应研究

以欧元区为例

孙亮 著

上海社会科学院出版社
SHANGHAI ACADEMY OF SOCIAL SCIENCES PRESS

目　　录

第一章　绪论 ··· 1
　　第一节　研究背景与意义 ··· 1
　　第二节　基本概念的界定 ··· 2
　　第三节　研究目标、方法与基本框架 ······································ 4
　　第四节　研究的可能创新与不足之处 ······································ 7

第二章　货币政策冲击效应（产出）的文献回顾与理论综述 ······················· 9
　　第一节　从古典到现代的争论：货币产出效应的存在性 ····················· 9
　　第二节　货币政策传导机制的发展 ······································· 14
　　第三节　货币政策冲击效应的研究综述 ··································· 20

第三章　随机动态一般均衡（DSGE）模型的研究框架 ···························· 30
　　第一节　DSGE 模型的分析框架简介 ······································ 30
　　第二节　DSGE 模型的设定 ·· 33
　　第三节　DSGE 模型的求解方法 ·· 35
　　第四节　DSGE 模型的参数估计方法 ······································ 41
　　第五节　DSGE 模型的政策模拟应用 ······································ 44

第四章　欧元区货币政策的对象、制定主体、目标与调节方式 ···················· 46
　　第一节　欧元区货币政策的对象 ··· 46
　　第二节　欧元区货币政策的制定主体：欧洲中央银行 ······················ 52
　　第三节　欧洲中央银行货币政策的目标及调节方式 ························ 56

第五章　货币政策冲击效应的理论基础——金融加速器视角 ………… 59
第一节　金融加速器效应的分析框架 ……………………………… 59
第二节　金融加速器效应的基本假定 ……………………………… 61
第三节　核心机理：企业净资产与外部融资溢价的反向关系 …… 64
第四节　加速效应：宏观层面形成的循环及放大作用 …………… 72

第六章　欧元区的宏观经济现状——基于 AWM 数据指标库 ………… 78
第一节　AWM 数据指标库特点及构建方法 ……………………… 78
第二节　欧元区宏观经济波动总况（AWM，1970—2005） ……… 82

第七章　欧元区金融加速器效应的 DSGE 模型分析 …………………… 96
第一节　模型设定 …………………………………………………… 96
第二节　模型的对数线性化与参数校准 ………………………… 101
第三节　模型的政策模拟分析 …………………………………… 105

第八章　欧元区货币冲击效应检验的再比较——VAR 模型检验 …… 109
第一节　VAR 模型的变量选取 …………………………………… 109
第二节　VAR 模型的检验分析 …………………………………… 109
第三节　VAR 检验的货币政策冲击脉冲分析 …………………… 119

第九章　结论与研究展望 ………………………………………………… 121
第一节　总结 ……………………………………………………… 121
第二节　研究展望 ………………………………………………… 125

参考文献 …………………………………………………………………… 128

致谢 ………………………………………………………………………… 133

第一章　绪论

第一节　研究背景与意义

货币政策与产出增长,作为市场经济体系的两大核心变量,自经济学诞生之初就始终是学科关注的焦点。从最初关于有无产出效应的争论到现代学科前沿对货币政策传导机制及冲击效应程度的考察,理论始终紧密围绕经济实践中不断涌现的新问题、新现象而不断发展与演进。

过去 20 年内先后爆发的美国次贷危机、欧洲主权债务危机虽原因各异,但均在不同程度上暴露出发达国家金融监管体系的漏洞与不足,就危机演化过程而言,更是继 20 世纪 30 年代大萧条之后,宏观经济"小冲击,大波动"特征的再次显现。相对于稳定的技术冲击,货币政策冲击不仅变动频繁,对各经济主体的行为影响也更为直接,被主流经济学家认为是引发经济波动的重要变量;此外,在实践层面,货币政策冲击对经济波动的影响程度尤为货币当局关注,是调控宏观经济的重要参考。尤其在当今金融发展不断深化的市场经济环境下,货币政策冲击的影响可通过一定传导效应放大于实际产出,进而造成整个宏观经济的波动。如何有效地估计、模拟及测算货币政策冲击效应的大小与趋势,对于合理、科学调控宏观经济而言具有重大意义。

当前大部分相关文献集中于通过计量经济学方法对货币政策冲击的产出效应进行检验,很少分析冲击程度,缺乏传导机制的数理模型支撑。例如国内部分研究成果虽尝试构建统一的理论分析框架,但各传导环节之间相对脱节,无法达到理论逻辑的一致性,且计量检验结论往往超出其理论模型的解释范围。

本研究尝试以"金融加速器效应"为切入点,通过对企业借贷行为的聚焦将货币政策冲击与产出波动有机结合,形成贯穿本研究的主线。研究方法上以当前各发达国家央行普遍应用随机动态一般均衡模型(DSGE)为基础,试图将金融加速器效应纳入其分析框架,严格遵循逻辑演绎的一致性原则构建新模型并进行政策模拟,以期为货币政策与宏观波动理论研究的进一步发展提供新的思路与视角。

欧元区的案例选择既考虑到其整体相对较为发达的金融市场主体及监管制度设计,同时更着眼于该区域独特的超主权货币联盟特征。作为全球首个区域性货币联盟,欧元区各国在经济、金融结构上具有极大的差异性、复杂性,研究同一货币政策冲击如何影响该区域各微观、宏观主体的产出效应,不仅能为同样兼具多种目标的中国货币政策实践提供借鉴,更有助于对未来其他区域性货币联盟的产生,乃至全球货币联盟的运作提供一定的思路与参考。

第二节 基本概念的界定

一、货币政策冲击的产出效应

现代西方宏观经济学上的"冲击",本质上是相对于均衡系统稳态的一种偏离,由此作用并引发系统中产出变量反应及波动的现象称为产出效应。而货币政策冲击(Monetary Policy Shock)则是偏离货币政策行为模型常态的自然或社会因素扰动,在实践中通常表现为中央银行为调节宏观经济而对货币操作目标进行的调整。由于现实层面货币政策本身的复杂性,学术界虽对货币政策冲击的分析由来已久,但至今并未形成统一的研究定式。围绕货币行为的描述(麦克勒姆规则或泰勒规则)、分析对象的选取(利率、货币供给量还是政策工具变量的线性组合),以及研究方法的使用[结构模型、向量自回归(VAR)模型还是随机动态一般均衡模型]等问题,各学派针对不同情况均提出了各自的检验方法。就本研究而言,基于欧元区金融市场特征在描述货币行为规则上采取泰勒规则,在随机动态一般均衡模型的框架内重点分析利率冲击的影响,并将其设定为一阶自相关过程。

二、金融加速器

金融加速器(Financial Accelerator)的概念最早见于本·伯南克(Ben

Bernanke)等在1994年发表的文章《金融加速器和安全投资转移》(*The Financial Accelerator and the Flight to Quality*)。伯南克在文中写道:"我们将由信贷市场条件变化而引发的初始冲击放大效应称为金融加速器。"该效应的分析框架基于20世纪70年代兴起的"委托-代理"理论之上。在这之前企业的融资结构及方式选择对可获信贷量并无影响,但随着信息经济学的发展,学者们普遍认同在分析信贷市场行为时需要考虑委托方(贷款人)获得代理方(借款人)的信息成本。进一步,伯南克指出:(1)在信息不对称的情况下,除非融资额全额抵押,否则企业外部融资的成本都将高于内部融资,实质是由代理成本引起的福利净损失。(2)在所需借贷总量不变的前提下,外部融资溢价(上述外部融资成本与内部融资成本的差额)与借款人净资产(流动资产与可抵押的非流动资产价值之和)呈负向关系。(3)由此,当宏观经济形势变化导致企业净资产减少时,借款人的外部融资溢价将会上升进而增加融资所需的总成本,如此必然会降低企业的投资支出,造成产出减少。而本期的产出减少会反过来使借款企业的净资产降低,从而进一步使外部融资溢价增加,减少投资,降低下一期产出……如此反复,则正是金融加速器的核心所在,初始冲击的效应将会不断循环扩大,造成宏观经济的波动。

三、随机动态一般均衡(DSGE)模型

随机动态一般均衡(Dynamic Stochastic General Equilibrium,DSGE)模型,又称动态随机一般均衡模型,是严格遵照宏观经济学一般均衡理论,采用动态优化方法对各微观利益主体(家庭、厂商、消费者、政府等)在相关约束规则条件下的最优决策行为进行整体性建构的宏观经济学模型统称。"随机"是指鉴于现实经济的不确定性,DSGE模型可将非解释变量描述的各种外生随机冲击(技术性冲击、偏好型冲击、货币政策冲击等)的影响纳入系统模型中进行分析。"动态"是指系统对各利益主体均衡的描述不仅着眼于即期,还需考虑当期行为对未来的影响,进而形成跨期的最优选择。"一般均衡"则表明DSGE模型不仅在微观层面充分考察各利益主体的最优行为选择及其相互间的作用影响,还在宏观上将各局部均衡加以综合,进而实现综合性的整体最优均衡。正是基于上述特点,DSGE模型不仅有效克服了以往宏观经济模型在理论缺陷、结构求解等多方面的不足,而且最大限度将微观理论基础与宏观分析方法相统一。尤其得益于当今数学及计算机技术的高速发展,DSGE的建

模、求解及模拟效率大幅提升,日益成为当今主要发达国家制定宏观经济政策的主流分析工具。

四、欧元区

欧元区本身是一个动态的概念,从范围上具有狭义与广义之分。狭义的欧元区是指采用欧元作为唯一官方货币的欧洲经济与货币联盟国家及其所形成的区域,由欧洲中央银行制定统一的货币政策。截至2020年12月,经欧盟认定的欧元区国家共有19个,包括奥地利、比利时、塞浦路斯、爱沙尼亚、芬兰、法国、德国、瑞士、爱尔兰、意大利、拉脱维亚、立陶宛、卢森堡、马耳他、荷兰、葡萄牙、斯洛伐克、斯洛维尼亚和西班牙。广义的欧元区是指采用欧元作为当地唯一货币的国家或地区总称,包括与欧洲中央银行签订协议可使用欧元但未被其视为欧元区的国家与地区(如摩纳哥、圣马力诺、梵蒂冈和安道尔等),以及未与欧洲中央银行签订协议官方单方面自行使用欧元的国家与地区(科索沃和黑山等)。本研究所指的欧元区为狭义概念,但鉴于研究目标及数据可得性所选取的AWM数据指标库[①](66宏观指标)为2006年的第6版本,数据时间跨度为1970年第一季度至2005年第四季度,故相应的欧元区范围也指2005年底前加入的国家。斯洛文尼亚(2007)、塞浦路斯(2008)、马耳他(2008)、斯洛伐克(2009)、爱沙尼亚(2011)、拉脱维亚(2014)、立陶宛(2015)并不在列。除本书第四章对欧元区的定性分析外,本书的欧元区是指欧元12国:奥地利、比利时、芬兰、法国、德国、瑞士、爱尔兰、意大利、卢森堡、荷兰、葡萄牙和西班牙。

第三节 研究目标、方法与基本框架

一、研究目标

本研究以金融加速器为核心构建随机动态一般均衡(DSGE)模型并进行计量检验,遵循"演绎与归纳"的严密逻辑体系,从理论与实践两个角度分析欧

---

① 有关AWM数据指标库的选取及特征请见第六章内容。

元区"小冲击(货币),大波动(产出)"的现象,以期准确评估货币政策对经济波动的影响研究提供全新的方法与思路。拟解决的关键问题主要体现在以下两方面:

(1)以金融加速器效应为核心的 DSGE 模型是否适用于欧元区货币政策冲击效应的检验?产出放大程度是多少?

(2)针对欧元区特征,使用 DSGE 模型对实际数据的模拟效果与 VAR 模型相比,是否具有相对优势?

二、研究方法

本研究将严格遵循实证经济学[①]的研究方法,在充分借鉴国内外学术界已有研究成果基础上针对欧元区特征构建 DSGE 模型,对货币政策冲击进行计量检验及模拟,具体体现在以下两个结合。

(1)定量与定性相结合:本研究主要以定量研究为主,同时辅以一定的定性分析以更加全面的揭示欧元区货币政策冲击的产出效应。

(2)数理经济学与计量经济学相结合:本研究的定量部分将基于"从演绎到归纳"的逻辑框架,以金融加速器效应为数理经济学基础,通过嵌入 DSGE 模型框架对产出效应进行再模拟,并通过与 VAR 检验结果的比较对本研究构建的 DSGE 模型进行全面评估。

三、基本框架

本研究的逻辑始于对企业利益主体最优化均衡行为的描述,通过引入金

[①] 值得一提的是,国内部分成果常错将"实证经济学"等同于计量分析或是定量分析。现代科学研究中的"实证主义"(Positivism)一词最早来源法国著名哲学家孔德(Auguste Comte)从 1830 年开始陆续出版的《实证哲学教程》。后经凯恩斯(John Neville Keynes)首次沿用到经济学领域,在《政治经济学的范围和方法》(*The Scope and Method of Political Economy*,1891)一书中提出实证科学是着眼于解决"是什么"的科学。直至 1953 年弗里德曼(Milton Friedman)撰写《实证经济学方法论》(*The Methodology of Positive Economics*)一书从规范角度对"实证经济学"进行归纳,并引发与萨缪尔森等学者的大论战。至今虽各学派在具体细节上尚未统一,但基于实证经济学的内涵依然具有广泛的共识:以科学态度研究可观察经济现象的因果联系并加以检验,尽可能实现内在与外在的一致性。实证经济学的分析方法上不仅包括定量分析(绝非专指计量分析),也包括定性分析(如过程追踪法、比较分析等)。

融加速器效应,基于信贷传导机制视角揭示微观层面企业净资产与外部融资溢价的反向关联效应,以及由此作用于投资,产出等变量从而累计循环产生的宏观放大现象,为解释欧元区"小冲击,大波动"提供了坚实的理论支撑。在此基础上将金融加速器效应进一步嵌入DSGE模型,求解并模拟货币政策冲击作用下欧元区产出波动的放大效应,从演绎到归纳,最大限度将严谨逻辑分析的内在与外在一致性充分体现。最后还将DSGE的结论与VAR模型的模拟结果进行比较,为全面评估金融加速器视角下DSGE模型的在解释欧元区货币政策冲击效应的适用性提供多层视角。

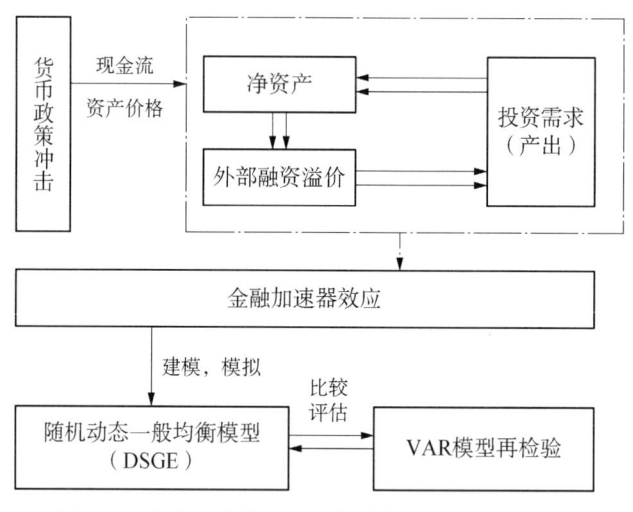

图1.1 金融加速器视角下货币冲击效应的分析框架

具体而言本书主要分为九部分:第一章简要介绍了课题的背景与意义、基本概念的界定、研究方法、基本框架、创新及不足之处。第二章通过文献综述对货币政策冲击效应命题的内涵及外延进行梳理:揭示出所研究对象从"是否存在产出效应"到"效应如何传导"直至"效应的影响程度大小"的清晰演进逻辑。第三章重点介绍了当前分析宏观经济波动的主流工具DSGE模型特点及其分析的主要步骤:模型设定、模型求解、模型参数估计以及政策模拟。第四章则从定性分析角度回顾并介绍了欧洲经济与货币联盟的发展历程、现状,货币政策制定主体欧洲中央银行的特点,以及欧元区货币政策的目标及调节工具。第五章以数理经济学方法揭示本研究货币政策冲击效应的理论基础——金融加速器效应,从核心机理和加速效应两个方面进行全面的演绎推导。第六章主要介绍本研究欧元区宏观经济数据的来源 AWM 数据指标库,同时对欧元区主要宏观经济变量进行总体分析,为随机动态一般均衡模型的政策模拟进行数据准备。第七章将金融加速器理论嵌入 DSGE 系统,主要沿用的伯南克的 BGG 框架(1998),并通过模型求解及参数估计对欧元区货币政策冲击效应进行模拟。第八章基于 VAR 模型对欧元区货币政策冲击效应进行再检验并与 DSGE 模型的分析结果进行比较。第九章总结本书并提出研究展望。

第四节 研究的可能创新与不足之处

一、研究的可能创新之处

相较而言,本研究在对象、理论、方法等几方面均具有一定的创新。

(一) 研究对象:欧元区货币政策冲击的产出效应分析

当前成果对货币政策冲击效应的研究虽已涉及企业、产业、经济总量等多方面,但大部分研究依然停留在有无"非对称效应"的层面,并未对冲击大小进行深入分析。

本研究将视角直接定位于金融加速器效应,并以欧元区整体为对象进行考察,可看作创新点之一。

(二) 理论基础:以金融加速器效应为核心

绝大多数货币政策冲击效应的研究成果专注于计量检验,缺乏数理经济学的理论支撑。少数文章虽引入了价格黏性、银行信贷传导渠道、资产负债表渠道,以及金融加速器效应等理论,但整个传导机制各部分往往相对割裂,各前提假设无法保持一致性。

本研究在数理经济学演绎环节严格遵循内在一致性原则,剔除了部分影响因素,聚焦金融加速器效应,并以此作为解释欧元区货币政策冲击效应的理论基础。

(三) 研究方法:从演绎到归纳的统一逻辑

大部分已有相关成果很少将数理经济学的演绎过程与计量经济学的归纳

阶段统一考察,部分文章虽从形式上构建了从理论到实践的体系,但计量检验的结论往往远超出数理模型的解释范围,两部分缺乏统一性。

本研究应用的DSGE模型,从方法论上完全遵循了实证经济学的研究逻辑,不仅将数理经济学与计量经济学统一于完整的分析框架,而且与其他分析工具进行数据拟合程度比较,为模型的适用性提供全面评估,形成了从"演绎—归纳—评估"的统一逻辑体系。

二、研究的不足之处

(一) 样本变量

本研究对欧元区货币政策冲击效应的建模及模拟很大程度上依赖于欧元区商业周期网络(由欧洲中央银行及欧元区各国央行组建)的AWM数据库。鉴于数据库可得性及自身特征,某些宏观经济变量未重新编制,因此本研究的变量选取进行过筛选,某种程度上或许会削弱计量结果的说服力。

(二) DSGE模型

DSGE模型的发展十分迅速,尤其在美国、欧洲等发达国家和地区,对于模型体系中各局部市场均衡建构以及参数估计方法更日趋完善,更精确的建模、更高效的计算机模拟是大势所趋。有限于笔者的研究能力及所研究目标的必要性,在本研究中的DSGE并没有采用最新的模型建构方式,在参数估计环节也未运用最大似然估计或是贝叶斯估计等方法。以更完善DSGE模型而言,应着眼于更为精确的科学分析工具。

(三) 理论与实践

相较于当今其他分析工具,DSGE模型基于"演绎到归纳"的一致性原则,已最大限度将微观理论与客观实践相结合,在逻辑分析方法上实现了内在、外在两方面的高度统一。但这并不意味着DSGE模型是对客观经济现实问题的完全反映。受制于基础科学及认知能力的约束,经济学理论的发展是沿着不断趋近的轨迹接近实践,由此本研究的最大意义并非绝对不变的结果,而是对现实经济现象的一个分析逻辑及方式。

第二章 货币政策冲击效应(产出)的文献回顾与理论综述

自西方经济学诞生以来,围绕货币与产出两大核心经济变量关联性的研究就层出不穷,始终在经济学科体系中居于核心位置。尤其随着社会经济实践的不断发展,货币与产出的主题虽并未改变,但研究对象的内涵及外延均有所变迁,体现在理论成果的表现形式上也与之相应,形成了"是否存在产出效应"—"效应如何传导"—"效应的影响程度"的清晰逻辑。

第一节 从古典到现代的争论:货币产出效应的存在性

一、古典货币观的思想萌芽

追溯西方文明历史,有关货币对经济影响的研究由来已久,早在古希腊时代以柏拉图(Plato)、亚里士多德(Aristotle)为代表的先哲们就从社会哲学思想对货币与产出的关系提出过论述(分别见于《理想国》《政治学》),认为货币作为交换的媒介主要承担的是"等价"的作用,并根据创造价值与否初步划分出物—物、物品—货币—物品,货币—物品—货币等几种不同的交换形式,可视为西方货币经济理论的早期思想来源。进入近代后随着市场经济的发展,虽然重商主义、重农学派都基于各自角度对国家的货币观提出一些观点,但从经济学角度分析货币现象则始于英国古典政治经济学的创始人威廉·配第(William Petty),他在《献给英明人士》(1691)一书中指出"货币不过是国家的脂肪,如其过多,就会使国家不那么灵活行事;如果其过少,也会使国家发生毛病",以此揭开了古典经济学对货币产出效应研究的序幕。

与配第强调的货币交换性定位不同,法国经济学家理查德·坎蒂隆

(Richard Cantillon)[①]在《商业经济概论》(1703)一书中指出货币对经济活动的影响是不确定的,它完全取决于是那些人持有货币以及他们如何利用货币。同样他也并不认同货币数量与产出之间必然的同比例变动关系。

1752年,古典货币理论迎来了一次里程碑式的飞跃。近代西方社会科学巨匠大卫·休谟(David Hume)基于因果逻辑推理方法首次完整系统论述了"物价-现金流动机制(Price-Specie Flow Mechanism)"[②],认为货币作为交换媒介并不真正创造价值,货币总量的变化长期看只会影响物价水平,并不影响实际产出,国家经济的发展有内在的循环机制。该论述不仅在当时意义重大,至今依然可视为凯恩斯主义、货币主义的重要思想来源之一。

认同货币交换媒介功能定位的还有亚当·斯密(Adam Smith),在《国富论》(1776)中他明确提及"货币……成为一切文明国商业上的通用媒介。通过这媒介,一切货物都能进行买卖,都能相互交换"。[③] 在斯密看来,作为流通手段,货币只是工具,不是社会收入本身。

进入18世纪后,自由市场几乎成为古典经济学的代名词,其代表人物让·巴蒂斯特·萨伊(Jean-Baptiste Say)在1803年的著作《政治经济学概论》中指出:"在以产品换钱、钱换产品的两道交换过程中,货币只是一瞬间起作用。当交易最后结束时,我们将发觉交易总是以一种货物换另一种货物。"[④]他认为市场具有自发的力量通过价格机制实现供求均衡,货币在其中的作用并不起到促进产出增长的职能。

将该观点进一步拓展的是英国社会科学巨匠约翰·斯图亚特·穆勒(John Stuart Mill)[⑤]。1848年穆勒在其著名的《政治经济学原理》一书中阐明:"总之,在社会经济中,货币从本质上来说是最无意义的;它的意义之在于它具有节省时间和劳动的特性。它是一种使人办事迅速和方便的机械,没有它,要办的事仍可办到,只是较为缓慢,较为不便。它像其他许多机械一样,只

[①] 爱尔兰裔法国经济学家,坎蒂隆的《商业性质概论》(*Essai sur la Nature du Commerce en Général*)(1755)在经济学说史中占有重要地位,被认为是政治经济学形成过程中在亚当·斯密之前对该学科各种理论和实践问题的第一次系统全面论述。
[②] 又称休谟机制。
[③] 亚当·斯密.国民财富的性质和原因的研究(上册)[M].北京:商务印书馆,1972.
[④] 让·巴蒂斯特·萨伊.政治经济学概论[M].北京:商务印书馆,1963.
[⑤] 其父是詹姆斯·穆勒(James Mill),苏格兰著名经济学家,萨伊定律的发现者。

是在发生故障时,才会发生它自己的显着而独特的响。"[1]货币面纱论(Veil of money)由此提出。

二、现代货币理论对产出效应的争辩

以威廉姆·斯坦利·杰文斯(William Stanley Jevons)、卡尔·门格尔(Carl Menger)、欧根·博姆-巴维克(Eugen Böhm von Bawerk)、里昂·瓦尔拉斯(Marie-Esprit-Léon Walras)等开创的经济学边际分析方法为标志,传统古典经济学向新古典经济学过渡,体现在对货币与产出关系的研究上也逐步突破之前货币中性观的单一结论。首先尝试打破坚冰的是瑞典学派著名的经济学家克努特·维克塞尔(Knut Wicksell),在其1898年的著作《利息与价格》中,他不仅对古典经济学的货币面纱论提出质疑,并且将传统理论相互分割的货币与实体经济融入一个宏观体系,提出"累积过程理论",即货币经济论。他开创性地将利率分为货币利率和自然利率两种,并将两者的背离理解为货币对实际产出形成影响的关键:现实经济若出现货币利率小于自然利率的情形,将促使投资增长并超过储蓄,进而引发总需求上升,产出增加;反之亦然。由此推理货币在实体经济中并非像古典经济学所言仅仅充当交换的媒介,而是对经济产出起着重要的实质影响。尽管维克塞尔依然认为市场具有调节机制最终实现货币利率与自然利率的均衡,但这一思想突破了古典经济学固有的两分法,不仅对随后的剑桥学派产生巨大影响,更是被当今主流经济学家视为凯恩斯货币理论的直接来源。

但并不是所有经济学家都认同利率在实体经济中的桥梁作用,美国经济学家欧文·费雪(Irving Fisher)在《货币的购买力》(1911)一书中依然延续了古典经济学的"两分法",认为货币在经济运行中的职能流通手段,并将首次将其量化提出费雪方程式:$MV=PT$,或$P=MV/T$。其中M指一定时期流通中货币量;V表示货币流通速度;P为全社会产品价格,T则表示社会产品交易总量,故又称货币交易方程式。若假定流通速度(V)和交易总量(T)维持恒定,则货币量(M)的变化仅能影响价格(P),进而推出货币对产出并无任何作用。

---

[1] 约翰·斯图亚特·穆勒. 政治经济学原理及其在社会哲学上的若干应用[M]. 北京:商务印书馆, 1991.

同样，新古典经济学奠基人阿尔弗雷德·马歇尔（Alfred Marshall）在货币产出效应问题上也未认同货币经济论的观点。他认为货币是一种交换的媒介，不影响市场供求，并基于货币需求视角将前人的货币数量论进一步扩展：货币价值决定于实物余额与现金余额的比例，并与后者成正比。1917年，亚瑟·塞西尔·庇古（Arthur Cecil Pigou）在《货币的价值》一文中将其老师的这个思想定量化，提出了现金余额方程式，又称剑桥方程式：$M=kPy$。相对于费雪方程式，此处的 M 为某一时点公众持有的货币存量（现金余额），y 为实际收入，P 指价格水平，k 则表示公众持有的现金余额占名义收入的比例。就研究对象而言，剑桥方程式更着力从货币持有动机角度刻画了货币需求的决定方式，若将其转化为 $P=M/ky$，则又从货币价值角度揭示出货币供求之间的对应关系。显然在这一理论推演下货币不具备产出效应。

在新古典经济学的微观逻辑框架下，货币中性的观点毋庸置疑，直至1929—1933年的经济大萧条使人们重新审视理论的适用性。这其中被赋予西方经济学史变革重任的是约翰·梅纳德·凯恩斯（John Maynard Keynes）。作为马歇尔和庇古的学生，凯恩斯在早期对新古典货币观并无异议，在写《货币论》(1930)时依然将货币视为供求以外的力量。直至1936年，在创作经济学巨著《就业、利息和货币通论》时，凯恩斯才在运用比较静态均衡方法构建宏观经济理论的过程中对穆勒、马歇尔及庇古的货币中性论提出质疑："以庇古教授为例，在他绝大部分著作中，庇古教授仍相信，除了引起若干摩擦阻力而外，有没有货币，没有多大的差别；像穆勒一样，经济学家可以根据实物交换情形，完成生产论和就业论，然后再敷衍塞责，引入货币——这就是经典学派传统之现代说法。当代经济思想还是摆脱不了一个牢不可破的观念，认为人总要花钱，只是花钱途径不同而已。"[1]在该书的第十三章，他进一步阐明了货币对产出增长的刺激作用："我们现在已经把货币这个东西，引入因果关系中，这还是创举。货币数量之变动，如何影响经济体系，现在我们也已得一瞥。不过，我们由此推论，认为货币是一种饮料，可以刺激经济体系，促其活动。"[2]而在具体操作时，凯恩斯提出货币政策对利率影响进而作用于产出的刺激效果还要考虑到公众的流动性偏好，以及是否已处于充分就业状态。这一学说的提出不仅完全打破了以往经济学理论的货币中性观点，而且推翻了百年来西

---

[1] 凯恩斯.就业利息和货币通论[M].北京：商务印书馆，1983：21.
[2] 凯恩斯.就业利息和货币通论[M].北京：商务印书馆，1983：147.

第二章 货币政策冲击效应（产出）的文献回顾与理论综述 / 13

方学者对经济学理论的单一分析方式。在这之后，保罗·萨缪尔森（Paul A Samuelson）延续了凯恩斯理论的思想，并将其与新古典经济学的内核在内容与方法上进行融合，于1948年出版著作《经济学》，形成了新古典综合派，在货币产出效应问题上通过"工资-价格机制"框架予以佐证，实为凯恩斯货币非中性观点的延伸。

与萨缪尔森不同，米尔顿·弗里德曼（Milton Friedman）虽在早期也是凯恩斯主义的拥护者，但在1956年发表的论文《货币数量论：一种新表述》中对凯恩斯货币观予以否定，而是基于货币需求理论对早期的费雪方程式进行拓展，提出了现代货币数量论，进而创立货币学派。其货币需求方程为：$M/P = F(r, Y_p, h, \pi, u)$，其中$M/P$为真实货币需求，$r$为资产收益率，$Y_p$为永久性收入，$h$表示人力资本与非人力资本的比例，$\pi$为预期通货膨胀率，$u$指公众的偏好等因素。弗里德曼认为在市场产权界定清晰等前提下，实际的货币需求函数较为稳定，对物价波动起关键作用的变量是货币供给，并且从短期看实际产出的变动也受其影响，但如果基于长期角度则对实际产出毫无影响。另一方面，由于实际经济的过程中存在传道及作用时滞等因素，由货币供给量变动产生的扩散影响并非如理论推导般瞬时完成，需要经历一定的时间。因此在实际经济运行中，如果政府根据所谓需要频繁调节货币供给，可能将产生货币供求的严重错位，反而会扰乱并加剧经济的波动。基于此，弗里德曼建议制定一个稳定的货币增长率及单一规则，以此为经济运行提供一个确定性的外部环境，避免经济的大起大落。

20世纪70年代，延续货币主义传统并进一步发展的是理性预期学派（Rational Expectation School）。以罗伯特·卢卡斯（Robert Lucas）、罗伯特·巴罗（Robert Joseph Barro）、托马斯·萨金特（Thomas J. Sargent）为代表的经济学家不仅将古典经济学理性人假定的命题重新确立，并在此基础上结合量化的数学方程诠释"理性预期"范畴分析宏观经济问题，创立了理性预期学派。该理论认为，在市场出清的前提下，公众充分理性可以根据需要获取信息以自身效用最大化为准则进行决策，因而任何政策调节在个体的理性预期下都将被抵消。实质上，理性预期命题是将货币主义的前提假设进一步严格化，以较为极端的约束条件结合动态一般均衡分析来重塑古典经济学的市场万能内核理念，尤其体现在货币政策对产出的作用上。任何可预期的货币政策对实际产出均没有影响，只有在短期某些未被预期的货币调节才可能影响实际产出。

与新古典宏观经济学的在该时期的蓬勃发展相对应，凯恩斯思想的追随者并没有停滞不前。以尼可拉斯·格里高利·曼昆（Nicholas Gregory Mankiw）、约瑟夫·斯蒂格利茨（Joseph Eugene Stiglitz）、本·伯南克（Ben Bernanke）为代表的经济学家在继承凯恩斯主义思想的同时，吸收借鉴新古典宏观经济学动态数量化的分析方法，以全新视角提出了市场非出清、价格及工资黏性等命题，将现代西方宏观经济学引入了紧密联系实际且微观研究方法科学的新凯恩斯主义时代。在核心假设范畴上，新凯恩斯学派认同市场具有自发的调节功能，但进行理论演绎时需要将来自现实经济中的价格黏性、各种冲击、政策时滞、菜单成本等一系列问题融入均衡分析的模型中重新审视，以体现经济学理论的现实性。正是基于此，凯恩斯主义学派在解释货币对产出的短期影响问题得到了很好的支持：假如货币供应量减少，价格由于黏性作用的影响无法迅速做出调整，市场将出现一定时期的非出清状态，导致需求降低产出减少，反之亦然。但长期而言，经济运行过程并不具有规则且无法预言，货币政策对产出的调节是失效的。

纵观西方经济学发展的数百年历史，随着社会经济实践的发展，人们对货币与实体经济关联性的认识也在不断深化。尤其进入20世纪中叶以来，虽然在货币政策的有效性命题上尚未达成统一的结论，但绝大多数当代经济学家对于货币政策在短期对产出的影响已达成共识。

第二节　货币政策传导机制的发展

相较于西方经济学自创立以来就对货币"是否存在产出效应"的关注，有关"效应如何传导"的研究起步较晚，直至凯恩斯提出货币中性论后，西方经济学家才纷纷将眼光转向货币到产出之间的"黑箱"，开始探究货币政策的传导机制。虽然时间不长，但各学派对该问题的研究角度较为集中，概括起来主要分为以下四种："利率渠道""其他资产渠道""汇率渠道"和"信贷渠道"。[1]

---

[1] 这里沿用了1996弗雷德里克·米什金（Frederic Mishkin）在《The Channels of Monetary Transmission — Lessons for Monetary Policy》一文中对货币传导渠道的划分，但将汇率作为一种独立的形式将其从原文的"其他资产渠道"中单独列出，由此形成了四种渠道。

一、利率渠道

最先被经济学家用于解释货币政策传导机制的是利率渠道,该理论最初建立在凯恩斯 IS-LM 局部均衡分析框架基础之上,后经新凯恩斯学派修整完善,至今依然被经济学界公认为最基础的传导渠道。

货币政策传导的利率渠道可描述为:$M\downarrow \rightarrow i_r\uparrow \rightarrow I\downarrow, C\downarrow \rightarrow Y\downarrow$。

该过程表明当政府采取紧缩性的货币政策时,货币供应量 M 的下降将导致实际利率 i_r 上升,在其他变量不变的情况下使企业的融资成本上升,尤其引发企业减少投资 I,从而使总需求下降,在非充分就业的情况下将导致社会总产出 Y 减少。

值得一提的是,由货币供应量下降引发的实际利率上升是整个传导过程的关键。在解释为何是实际利率变动,而非单纯名义利率的问题上,新凯恩斯主义学派引入了价格黏性的前提,由此合理解释了即使在新古典理性预期的作用下,实际利率同样会因为货币供给量的变化而调整,进而对企业的投资需求造成影响。而且,实际利率的波动不仅作用于投资需求,对房地产及耐用品消费需求 C 同样会起到作用,从而最终共同作用于产出。泰勒(1995)通过经验数据证明了货币政策调整对社会投资及消费需求的显著影响,从而佐证了利率渠道的存在。

二、其他资产渠道

20 世纪 60 年代后期,经济学家对货币政策传导机制的研究不再局限于利率渠道。在实践层面金融不断创新的背景下,多体系的资本市场在实体经济中扮演的角色愈发重要,诸如股票价格、房产及土地价格等资产渠道成为分析货币传导机制的新视角。

(一) 股票价格渠道

1. 托宾 Q 理论

无论从理论研究还是实践观察角度而言,在经历 1929 至 1933 年的大萧条之后,西方各界对于股票市场在实体经济中的巨大影响力不再陌生。但基于西方经济学理论,将股票价格变量纳入宏观经济学框架进行研究还始于詹姆斯·托宾(James Tobin)。1969年托宾提出了著名的"Q理论",不仅以经济学语言推演了股票价格波动对企业投资支出的影响,而且为人们从股票价格视角研究货币政策的传导机制搭建了桥梁。

货币政策传导的股票价格渠道(托宾Q效应)可描述为:$M\downarrow \rightarrow P_e\downarrow \rightarrow q\downarrow \rightarrow I\downarrow \rightarrow Y\downarrow$。

假定在货币政策收紧的情况下,货币供给量M减少,根据货币主义观点公众预期货币升值将更多地持有现金货币,减少股票投资需求,进而使全社会的股票平均价格P_e降低。这一理论推演与凯恩斯主义的货币观在结论上并无区别,后者是从利率上升的角度解释公众将减少投机性货币需求,因此使整体股票价格降低。

下一步在建立从股票价格P_e到产出的传导机制上,托宾Q理论给予了完整的解释。根据该理论,q为全社会企业的平均市场价值与资产重置成本的比率,前者对应于资本市场,后者则为实体经济。在全社会股票平均价格P_e降低的情况下q值下降,企业基于理性经济等前提将更多选择在资本市场进行收购而不是发行新股融资,由此使企业的实际融资额的减少,进而降低投资需求I,造成产出Y下降。

2. 财富效应

从股票价格渠道角度解释货币政策传导机制的另一理论称为财富效应,由弗兰科·莫迪利安尼(Franco Modigliani)在1971年提出。作为20世纪美国重要宏观经济学模型MPS的重要组成部分,该理论主要建立在其生命周期假说基础之上,不仅同样是连接资本市场到最终产出的重要纽带,在某种程度上更为新凯恩斯主义消费理论的完善奠定了基础。

货币政策传导的股票价格渠道(财富效应)可描述为:$M\downarrow \rightarrow P_e\downarrow \rightarrow wealth\downarrow \rightarrow C\downarrow \rightarrow Y\downarrow$。

按照生命周期模型,公众的消费支出不仅取决于当期收入,也和未来的总体收入及财富有关,概括而言包括人力资本、实际资本与金融财富三方面。由此当宏观经济出现货币供给量M减少时,按照前文论述股票平均价格P_e也将随之降低,社会公众的平均股票财产势必随之缩水。在其他前提假设不变的情况下,公众最主要构成部分的减少意味着总体金融财富的下降,进而使生命预期的收入财富总额($wealth$)减少,造成社会消费需求C下降,产出Y随之降低。

（二）房产及土地价格渠道

除股票价格渠道之外，由于房产及土地市场在现实经济中的重要地位，越来越多经济学家认为房产及土地价格也可以解释货币政策的传导机制。

货币政策传导的其他资产价格渠道可描述为：$M\downarrow \rightarrow P_{hl}\downarrow \rightarrow q\downarrow \rightarrow I\downarrow$
$wealth\downarrow \rightarrow C\downarrow$ $\rightarrow Y\downarrow$。

在紧缩的货币政策调节下，货币总量 M 随之降低，会减少社会公众对投资房产及土地的需求，进而使社会平均房产及土地价格 P_{hl} 下降。类似托宾 Q 理论在股票市场的传导，q 值下降，房产及土地市场也会同样出现新建房投资减少。另一方面，P_{hl} 下降同时意味着房产及土地财产的缩水，公众预期总收入财富（wealth）降低，消费需求减少将不可避免。两者共同作用会促使社会总需求下降，总产出 Y 减少。

三、汇率渠道

同样建立在新凯恩斯的分析框架下，虽在影响强度等细节问题上互有争论，但经济学家对有关货币政策传导汇率渠道的存在性已达成共识。

货币政策传导的汇率渠道可描述为：$M\downarrow \rightarrow i_r\uparrow \rightarrow E\uparrow \rightarrow NX\downarrow \rightarrow Y\downarrow$。

在国际市场开放的前提下，假设政府采取紧缩的货币政策将如上所述引起实际利率 i_r 的上升，由此将吸引国外资本进入国内资本市场，进而使本国货币需求提升，引发本国货币币值 E 提升。对该国国家贸易而言，本币升值意味着出口产品价格增加，进而减少商品出口数量。在出口产品价格弹性较大的前提下，必然会减少出口产品价值，使净出口价值 NX 下降，导致社会总产出 Y 下降。随着全球一体化进程的加快，国际贸易对各国经济的影响愈发显著，布莱恩特、皮特哈珀、泰勒等 1993 年的研究从经验角度佐证了汇率传导机制的重要性，完善了整个货币政策传导机制的体系框架。

四、信贷渠道

货币政策传导的信用渠道早在 20 世纪 30 年代欧文·费雪的"债务-通货紧缩"理论中就有所涉及，但直至 20 世纪 70 年代随着新凯恩斯学派的兴起，尤其是价格黏性和信息不对称等假定的引入使货币信用论在理论解释层面具备了坚实的微观基础,才重新回到经济学家的主流视线中。从本质上而言,信贷渠道的提出将以往经济学理论假设中即时、无摩擦的货币运动轨迹在信贷总量这个环节进行了放大,并基于现实经济的非理想状态进行分解,从而使理论更加趋近于现实经济。根据研究对象的侧重不同,信贷渠道又可分为狭义的信贷渠道(银行信贷渠道)及广义的信贷渠道(资产负债表渠道)两种。前者着眼于信贷的提供方——银行;后者则更着重分析信贷的需求方——企业。

(一) 银行借贷渠道

银行借贷渠道是立足于新凯恩斯框架对银行行为的研究,伯南克和艾伦·布林德(Alan Blinder)在1998年以此解释货币政策的传导机制时,提出了以下严格的假定条件:(1)价格黏性及信息不对称;(2)中央银行对银行贷款的实际控制力,银行资产结构中贷款和其他票据不可相互替代;(3)获取贷款是企业融资的主要形式,企业对银行具有极大的依赖性。正是在这样的条件下,银行借贷渠道成为货币政策传导机制的一种重要表现形式。

货币政策传导的信贷渠道(狭义信贷渠道)可描述为:$M\downarrow \rightarrow bank\ deposits\downarrow \rightarrow bank\ loans\downarrow \rightarrow I\downarrow \rightarrow Y\downarrow$。

当货币政策紧缩时,货币供给量 M 下降将导致银行体系的储备金减少,进而存款($bank\ deposits$)随之降低,在银行资产结构无法进行调整的前提下,将直接导致银行贷款($bank\ loans$)下降。由此对于市场上大量依赖银行贷款的企业而言可获融资量减少,投资支出 I 必然降低,传导至最终环节总产出 Y 将下降。

应该说,银行借贷渠道为更加全面的分析现实经济中的货币政策传导机制及货币运行规律提供了一个重要的视角。在现实经济中,尤其是小企业由于受自身规模等因素在融资环节往往表现出比大企业更显著的银行依赖性,较为符合给理论的前提假设,因此受银行借贷传导渠道的影响也十分明显。这在相当一部分学者有关亚洲等发展中国家的经验研究中已得到充分验证。

但需要指出的是,在某些发达国家的金融市场中,银行贷款并不是主要的融资来源,尤其是对于大企业而言融资的来源并不单一且方式多样。此外随着金融创新,表外业务发展日新月异,中央银行对于银行信贷的控制力也并没有理论中有效。因此,在当前的实际经济运行中,货币政策通过银行借贷渠道发挥作用的效果可能并没有那么显著。

(二) 资产负债表渠道

与银行借贷渠道不同,资产负债表渠道理论的研究主体聚焦于企业本身,虽然沿用新凯恩斯主义的分析框架,且假定银行借贷是企业融资的主要来源,但在理论演绎环节放松了中央银行对银行信贷总量有效控制的严格假定,某种意义上使该理论更加贴合现实。且微观层面企业净资产与外部融资溢价的反向互动传导关系是资产负债表渠道理论的核心所在,而不是单纯信贷总量本身,换而言之将其运用在非银行借贷主体融资的环境中依然具有一定的实际意义。

根据该理论,在信息不对称的经济环境中,企业的外部融资成本与内部融资成本并不像莫迪利安尼-米勒定理所言完全一致,而是具有差价,称为外部融资溢价。伯南克(1996)将其归结于信息不对称条件下企业为获得银行贷款而付出的一种机会成本,其数值大小显然将对企业的投资行为产生重要影响,而对该机会成本起决定作用的则是借款企业的净资产(流动资产与可抵押的非流动资产价值之和),后者的变化显然又与货币政策的调整密切相关。由此从分析逻辑上企业净资产与外部融资溢价的互动关系已嵌入宏观经济货币变量与产出波动的传导体系中,形成了被称为金融加速器效应的资产负债表渠道理论。

货币政策传导的资产负债表渠道(广义信贷渠道)可描述为:$M\downarrow \rightarrow \rightarrow P_a \downarrow \rightarrow net\ worth \downarrow \rightarrow \begin{matrix} adverse\ selection \uparrow \\ moral\ hazard \uparrow \end{matrix} \rightarrow lending \downarrow \rightarrow$ $\rightarrow i_r \uparrow \rightarrow cash\ flow \downarrow$ $I \downarrow \rightarrow Y \downarrow$。

紧缩的货币政策引起货币供给量 M 减少,对借款企业资产负债表的影响将分别通过以下两种方式传导:资产价格与现金流。一方面,货币供给量的下降如前所述会使社会平均资产 P_a 价格降低。以股票价格为例,估值水平的整体偏低将使企业通过发新股融资的市值相较于前期偏低,财务表现为资本公积相对下降,进而减少企业的净资产(net worth)。同样其他普通资产价格的降低也会使企业的净资产减少。另一方面,减少货币供给量还会使实际利率 i_r 上升,对于企业而言无疑现金流更为趋紧,将会直接使净资产价值(net worth)减少。在这两种因素的共同作用下,企业净资产下降将会使其融资环境恶化。作为银行而言,净资产缩水意味着企业可抵押物品价值下降,若对其正常放贷将会在很大程度上产生逆向选择效应;同样基于企业角度分析,净资产的降低使其融资难度加大,即使获得融资额企业形成道德风险的动机愈发提升。正是基于此,为避免风险,企业为获得银行借款将支付超过内部融资成本的机会成本：外部融资溢价增加。因此在理性经济人的条件下，企业的借款额（lending）势必将减少，进而降低投资需求 I，最终使社会总产出 Y 降低。此外，米什金早在1978年就指出在家庭的消费行为上也存在一种类似的效应，当然其中的核心变量并非企业的净资产而是家庭的财务状况预期。

值得一提的是，资产负债表渠道中企业净资产与外部融资溢价之间的传导关系并非单向，而是在作用于实际产出后会反过来影响企业净资产本身，从而形成内部的循环流动，产生放大效应。在这个过程中，货币政策的调整如同一种外部冲击，是整个波动效应的启动源。这一理论传导逻辑恰恰为解释实践层面，尤其是分析金融危机或是货币刺激政策所引起的宏观经济的波动，提供了理论观基础，因此受到越来越多经济学家的关注。

第三节 货币政策冲击效应的研究综述

从古典理论、新古典、凯恩斯到新古典综合、新古典宏观到新凯恩斯的兴起，从"是否存在产出效应"到"效应如何传导"，西方经济学对货币与产出关联性的研究重点从最早外在关系的确认发展至后期内在传导机制的探讨，不仅反映出经济学理论研究方法进步对分析现实问题的有效促进作用，也表明随着社会经济实践的发展，学科已不再单纯满足于从抽象逻辑层面推演命题，而是更多地以解决现实问题为导向，吸纳并借鉴多学科的研究方法，某种意义上也反过来促进了理论本身的发展。

当今经济学家对货币与产出关联性的研究已逐步过渡到第三个阶段，回答有关"效应的影响程度"问题。本质上是着眼于通过经济学理论模拟现实经济运行情况，运用量化方法评价货币政策冲击效应对经济产出的实际影响大小，为政府调控经济提供相对"精确"的参考。虽是全新角度，但鉴于其对现实经济的贴合性，该领域相关命题已成为当今西方主流宏观经济学家的研究重点，学术成果颇丰，主要分为研究工具的选择与经验结论两个方面。

一、货币政策冲击效应的分析工具演绎

在分析货币政策冲击对产出"效应的影响程度"问题时，首要需要解决的是采取何种研究工具。自凯恩斯革命创立宏观经济学以来，随着数学与计算

机技术的发展,以宏观经济学模型为基石的量化演绎分析愈发成为主流的研究方式,从时间上看经历了结构性(Structure)模型、伦敦学派(LSE)模型、向量自回归(VAR)模型以及随机动态一般均衡(DSGE)模型的阶段。

(一) 考尔斯结构性模型的兴起

早期的宏观经济学模型种类繁多且缺乏统一的评价体系及标准,直至1932年考尔斯(Alfred Cowles)成立了考尔斯委员会,专注于以数学及统计学方法解决经济学问题。20世纪50年代,考尔斯委员会(Cowles Commission Approach, CC)在佳林·库普曼斯(Tjalling C. Koopmans)等经济学家的引领下,以服务政府对策为中心,进一步将建模与实际相结合,不仅率先建立了结构性模型的分析方法,并同时制定了模型识别、估计及验证的标准及完整体系,开创了计量经济学的时代。

在此之后,以考尔斯委员会标准为范式的结构性模型纷纷兴起,一段时间内成为经济分析的首选,美联储、英格兰银行、德国中央银行等纷纷发展各自的宏观经济模型,以作为制定货币政策的重要参照工具。

考尔斯结构性模型的最大特点是基于数理经济学的先验理论,通过构建联立方程组描述现实经济。针对不同的研究侧重点又可分解为相应的局部市场模块、部门模块或行为主体模块,"结构性"特征极为明显,尤其适用于对某些特定条件下宏观经济现象的描述。此外,为易于识别,模型构建过程中内生变量和外生变量有严格的界定。早期结构模型在参数估计上主要使用的是普通最小二乘法(OLS),后期随着统计学的不断发展,间接最小二乘法、工具变量、全信息最大似然估计、限定信息最大似然估计也在此类模型中广泛使用。

尽管考尔斯结构性模型的开发对西方现代宏观经济学的发展起到了极大的促进作用,但不可否认该范式本身存在诸如先验决定的内生及外生型、先验可识别结构方程、动态稳定系统等一系列严格的假定条件,给完全模拟现实经济运行造成了一定的困难,尤其就长期而言模型的拟合效果值得推敲。

最初的反对声来自现实经济的实践。20世纪70年代石油危机席卷全球,美国经济出现滞涨现象,使以分析预测见常的考尔斯结构性模型在新的宏观经济问题面前显得苍白能力,部分模型的结论甚至完全与实际发生的经济现象背道而驰。学术界对结构型模型进行重新审视与批判,主要集中于参数估计与约束条件两个方面。卢卡斯认为,结构性模型的参数设定过于简化,无法体现出诸如经济、政体、预期等外部环境变化时的动态调整过程,尤其是在模拟长期经济运行状态时显得先天不足。克里斯托弗·阿尔伯特·西姆斯(Christopher A. Sims)则指出结构性模型的参数识别过于先验与随意，尤其是为了促成联立方程组的求解往往人为添加诸多约束条件，这并不必然符合经济运行本身的规律，且缺乏缜密的微观基础，因此结构性模型无法真正做到对现实宏观经济的拟合。正是在实践与理论的双重否定下，结构性模型虽依然在某些具体领域运用，但对于长期宏观经济预测而言失去了作用，慢慢退出了西方宏观经济学的舞台。

(二) 伦敦学派模型的修正

针对考尔斯结构性模型的不足，来自伦敦政治经济学院的丹尼斯·萨根(Denis Sargan)、大卫·亨得利(David Forbes Hendry)和斯蒂夫·吉尔伯特(Steve Gilbert)等经济学家提出宏观经济学模型不仅要考虑到经济学理论，还应注重数据本身的生成过程，体现"一致性"原则。由于最初的创立者均来自伦敦政治经济学院，故而该模型被称为 LSE 形式模型[①]。澳大利亚中央银行的小型宏观模型就是采用了这种方式构建。

与考尔斯结构性模型先演绎后归纳的路径相比，LSE 学派分析宏观经济问题时并不倾向于运用先验理论，而是假定包容性较强的一般模型，然后通过数据检验模型的适应性，通过反复的修改、论证、再修改、再论证过程，构建出最符合条件的模型，最后再基于此分析实际经济问题，体现了从实践中归纳，再由理论演绎到实践的完整过程。

其中充分尊重并运用数据是 LSE 模型分析的关键，正是通过不断的诊断性、外生性检验以及模型相容性检验等才将原来的一般模型不断修正简化成所需的模型，每一步均需做到数据与理论的一致性，由此极大克服了考尔斯结构性模型设定的随意性问题。若是能继续通过超外生性检验，则可避免卢卡斯批判，更有助于对政策制定进行预测分析。

当然，LSE 模型并非完美无缺。对于其专注数据生成过程，体现一致性的优点反而被部分经济学家认为矫枉过正，偏离了经济学理论的初衷而演变为单纯的数据挖掘过程，使宏观经济学失去了"灵魂"。另一方面，整个建模过程

[①] 始创于伦敦经济学院的"从一般到特殊"(General to specific)的建模方法最早由萨根(Sargan)提出，1989 年被吉尔伯特(Gilbert)命名为 LSE 方法(见 Campos, Ericsson and Hendry, 2005)，但因后来其普及得益于作为创始人之一的亨得利(Hendry)的大力推广，又被称作 Hendry 方法。

极为复杂与烦琐,需保证检验的每一环节均通过才可完成,不仅对数据要求较高,也在某种程度上限制了模型的规模,制约了分析现实经济问题的广度。

(三) 向量自回归检验的发展

针对考尔斯结构性模型及LSE模型在分析经济现实问题方面的缺陷,美国经济学家西姆斯并未仅停留在批判层面,而是另辟蹊径,以整体经济系统本身的动态性为着眼点,淡化经济理论的先验影响,专注于最基础变量间动态关系变动的分析,创立了向量自回归(VAR)模型,后经罗伯特·利特曼(Robert Litterman)在1986年进一步完善。由于其"以系统惯性及动态特征为核心"的建模原则,VAR模型相比于传统方法在预测及政策模拟方面的优势极为明显,因此在20世纪80年代迅速普及,大量应用于宏观政策研究,成为主要发达国家央行的首选决策分析工具。另一方面,VAR模型本身也随着实践的需要不断发展完善,从最初不加约束的VAR,到为提高参数估计准确度运用贝叶斯方法的BVAR,再到嵌入经济学理论作为约束条件的SVAR,直至最新着眼于全局变量的GVAR。以揭示宏观经济现实为核心的VAR模型及其变化形式已成为当今宏观经济学研究重要的分析范式之一,应用面较广。

本质上分析,VAR模型是自回归(AR)模型在向量空间的扩展,通过将所有变量内生化,通过最精简的经济假设发掘时间序列的变化规律,因此运用于动态性的预测分析具有先天的优势。此外,VAR及其变化模型的另一特点是便于进行政策模拟。由于建模过程的相对开放性,针对所研究问题的不同,VAR易于通过施加识别约束的方式赋予模型一定的经济学含义,使新合成的模型(SVAR)对现实经济的模拟效果大大增强。如利用SVAR系列模型建立价格冲击、技术冲击、财政政策冲击、货币政策冲击的响应函数,可以更加深入的分析变量间的相互影响关系,以解释宏观经济波动的内部过程,为政策调控提升分析的精度和准度。

模型设定和估计方式上,VAR模型基本沿用了传统结构性模型和LSE模型的统计学方法,普通二乘法、最大似然法均可用于估计参数。

虽然VAR模型以其相对突出的预测及模拟能力广受好评并应用广泛,但不可否认其依然存在一定的缺陷。首先是对数据的过分依赖及对经济学理论因果传导机制的弱化,尽管通过嵌入冲击构建SVAR的方式可以在一定程度上缓解,但从根本上而言,VAR的分析逻辑依然是归纳式,较为随意,侧重于检验理论,而并非是通过演绎的方式描述现实经济现象本身。所以基于实证主义经济学方法本身而言，VAR 系列模型无法单独使用，需要与其他方法相结合才能形成完整统一的分析逻辑。另一方面，即使放宽经济学研究方法的要求，VAR 模型本身的规模同样受制于变量和滞后项的数目，如果赋值过多，模型本身也是无法求解的。

(四) 随机动态一般均衡模型(DSGE)的崛起

与 VAR 系列模型几乎同时代起步的 DSGE 模型，起初并未受到重视，但在近 10 年却异军突起，不仅愈发为宏观经济学家所关注，在实践层面更是迅速普及，大有取代 VAR 系列模型成为当代主流宏观经济学模型的趋势。尤其对于制定货币政策的中央银行而言，广泛应用 DSGE 模型辅助于决策已成为首选。这其中不仅包括力推 DSGE 模型发展及应用的欧洲央行、美联储、IMF，其他各主要发达国家，甚至部分发展中国家央行也纷纷效仿，建立符合自身特点的 DSGE 模型用于宏观经济的决策分析。

表 2.1　　　　　　　　随机动态一般均衡模型的主要范式

国家/地区	DSGE 模型
国际货币基金组织(IMF)	Global Economy Model (GEM)
	Global Fiscal Model (GFM)
	Global Integrated Monetary and Fiscal Model (GIMF)
	Smets and Wouters
欧洲央行(European Central Bank)	New Area-WideModel (NAWM)
	CMR (2007)
美联储(Federal Reserve Bank)	Edge et al. (2006)(SIGMA)
	Edge et al. (2008)
加拿大银行(Bank of Canada)	Terms of Trade Economic Model(TOTEM)
英国央行(The Bank of England)	Bank of England Quarterly Model(BEQM)
瑞典央行(Sveriges Riksbank)	Adolfson et al.
挪威央行(Norges Bank)	Models of Monetary Policy Analysis
新西兰央行(Reserve Bank of New Zealand)	Kiwi Inflation Targeting Technology
巴西央行(Central Bank of Brazil)	Stochastic Analytical Model with a Bayesian Approach (Samba)
智利央行(Central Bank of Chile)	Model for Analysis and Simulations

资料来源：陈旭升，汤茹茵.动态随机一般均衡(DSGE)模型在货币政策制定上的应用：一个带有批判性的回顾[R].台北：台湾大学，2011.

由上表不难看出 DSGE 模型并不是某一个具体的特定模型，而是采用共同范式的一系列模型的总称。回顾历史，DSGE 的建模思想最早要追溯到真实周期 RBC 理论。虽然依旧属于新古典宏观经济学的框架，但 RBC 理论对于跨期最优选择、一般均衡、理性预期以及技术冲击的强调可视为 DSGE 范式的萌芽。随后，新凯恩斯学派进一步发展将价格黏性等因素融入 RBC 理论中，创建了新凯恩斯模型，正是典型的 DSGE 建模思路。理查德·克拉里达（Richard Clarida）、霍尔迪·加利（Jordi Gali）、马克·莱昂内尔·格特勒（Mark Lionel Gertler）在 1999 年对货币政策的分析框架可视为现代 DSGE 的雏形。进入 21 世纪后，DSGE 模型得到了进一步的发展，2001 年劳伦斯·克里斯蒂阿诺（Lawrence J. Christiano）等人将黏性工资、习惯形成、资本调整成本等因素嵌入之前的新凯恩斯框架，形成了 CEE 模型，被视为现代 DSGE 的模板。2003 年，弗兰克·斯密茨（Frank Smets）和拉夫·沃特斯（Raf Wouters）则更进一步，通过引入更多冲击及贝叶斯估计方法形成了 SW 模型。SW 模型由于其在数据预测能力方面优于 VAR、BVAR 的突出特点，被欧洲中央银行广泛应用于决策。以 SW 模型为基础，经济学家在近些年将描述新古典银行均衡的 CCE 模型（1995）和企业家部门均衡的 BGG 模型（1998）融入 DSGE 分析框架，从而形成了更加完善的 CMR 模型以及考虑国际市场的 NAWM 模型。至此，DSGE 模型在各国进一步推广并形成具备自身特色的范式。

DSGE 模型的最大特色在于以一般均衡理论为依据并充分考虑信息、技术、资源等客观约束，运用动态的方式考察了市场各行为主体的最优决策均衡状态，从而形成了对实际经济的最"真实"模拟。这种建模逻辑保证了理论与模型的内在一致性，在分析方法上既描述了微观市场，又考虑了宏观系统，既考察了短期调整，又着眼于长期均衡，研究角度较为全面。模型本身的显性结构框架使其在分析冲击影响时具备天然优势，尤其适合于政策评价。具体而言，DSGE 模型的特点如下：

1. 坚实的理论基础及微宏观、长短期分析的结合

相比于 VAR 模型，DSGE 模型的首要优势表现在以经济学理论为基础对各行为主体最优化自身均衡的描述，不仅基于微观视角放大了均衡形成的内在过程，更重要的是以此揭示了各变量间的因果传导机制，这是作为经济学理论研究不可缺少的灵魂基石。此外，该模型还通过方程系统有效地将各个微观市场的局部均衡与宏观经济的总量变化特征有机结合形成统一框架，就时

间角度则融合了对短期调整波动及长期均衡的共同考察。

2. 结构性参数及显性的分析框架

与传统模型相比,DSGE模型各行为方程的参数大部分并非静态不变,而是一个相对复杂的函数,具备结构性特征,取决于具体偏好或其他因素的动态调整过程,能够在某种程度上避免卢卡斯评判。而且模型显性的框架使冲击易于识别,兼具长期新古典均衡及短期新凯恩斯波动的特征,更有利于决策分析。

在参数估计的方法上,DSGE模型主要使用校准、最大似然估计以及贝叶斯估计三种方式。相较而言,校准方法的计算量较少,但有时精度会有所影响。一般在构建相对复杂及大型的DSGE模型时,后两者估计方法鉴于其突出的统计学优势运用较广。当然最大似然法以及贝叶斯估计在DSGE模型的普及要在很大程度上归功于计算机技术的发展,正是Matlab软件以及可内嵌入式软件包Dynare的出现,大幅提高了DSGE模型的求解效率,为其应用提高了技术支持。

当然,DSGE模型并非毫无缺点。以新凯恩斯分析框架为基础演绎的现代DSGE模型不可避免考虑了价格黏性等因素,某种意义上说依赖于先验的假设,如此嵌入DSGE框架是否真正回避了卢卡斯评判,值得追问。另一方面,毕竟受制数学方法等各方面因素,DSGE对现实经济的拟合也是一种近似,无法实现真正的完全拟合。因此尽管理论框架上接近于内在一致性的统一,但实际经济运用必然还有诸多难于预测的影响因素,DSGE模型在长期预测及分析方面的适用性依然需要不断检验。

沿着时间维度,现代宏观经济学研究在模型选择上经历了考尔斯结构性模型、LSE模型、VAR系列模型、DSGE模型等不同阶段。尽管都可以用作宏观经济的预测,但不可否认基于理性预期前提的DSGE模型在最大限度上将"动态""随机"及"一般均衡"的特征相综合,具有较为全面的优势,是模拟实际宏观经济运行,尤其是货币政策冲击的首选工具。

二、货币政策冲击效应的经验结果归纳

如上所述20世纪30年代以来凯恩斯革命不仅从理论层面撼动了长期以来货币中性论的地位,更为宏观经济调控中货币政策的必要性提供了支撑,体现在学术界有关货币政策对产出影响程度的命题一时间成为研究的焦点。然

而以货币政策对实体经济具体影响程度大小为核心的研究成果并不多见,最早还始于伯南克对信贷市场的研究。

伯南克和格特勒(1989)认为在代理成本、企业净资产以及商业波动周期之间存在一定的联动关系[①],为宏观问题打开了微观视角。1992年,伯南克、米什金在对中央银行行为与货币政策的研究中[②]提出,在信息不对称的条件下,借款企业的清偿能力会对经济周期产生影响。1994年,伯南克等基于前期成果,正式将宏观经济频现的"小冲击,大波动"的现象归因并命名为金融加速器效应。进一步,伯南克通过计量检验论证了上述结论,发现尤其是小企业在受到货币政策冲击时的产出波动相较大企业更为明显。1998年,伯南克和格特勒等更进一步将金融加速器效应纳入新凯恩斯模型,形成了被称为BGG的分析框架,同时运用美国的数据对货币政策冲击对实际产出的影响进行了模拟,完整揭示了波动效应的全过程。受此启发,查理斯·卡尔斯姆(Charles T Carlstrom)和蒂莫西·富尔斯特(Timothy S Fuerst)于2001年针对货币政策冲击、代理成本以及商业周期的联动性建立模型,同样得出了货币政策对产出的放大冲击效应。几乎在同时,劳伦斯·克里斯蒂阿诺(Christiano)、马丁·艾兴鲍姆(Martin Eichenbaum)和查尔斯·埃文斯(Charles L. Evans)于2001年以新凯恩斯框架建构CEE模型[③],从货币政策冲击角度分析相关冲击对美国经济的影响,产出的放大效应得到有效检验。福永一郎(2002)则通过对日本企业投资与经济产出的考察发现了同样的波动效应。

类似的结论在欧元区也到了印证。加布里埃尔·费根(Gabriel Fagan)、杰罗姆·亨利(Jerome Henry)和里卡多·梅斯特(Ricardo Mestre)通过建立AWM(Area-Wide Model)模型[④],开创性统一并修正了1970年以来的欧元区主要宏观数据,并通过脉冲效应检验了货币政策冲击对经济产生的波动影响。以AWM为基础,弗兰克·斯密茨(Frank Smets)和拉斐尔·沃特斯(Rafael

---

[①] Bernanke B S, Gertler M. Agency costs, collateral and business fluctuations[R]. Massachusetts: National Bureau of Economic Research, 1986.
[②] Bernanke B S, Mishkin F. Central bank behavior and the strategy of monetary policy: observations from six industrialized countries[J]. Social Science Electronic Publishing, 1993, 1:183-228.
[③] Christiano L J, Eichenbaum M, et al. Nominal rigidities and the dynamic effects of a shock to monetary policy[R]. Massachusetts: National Bureau of Economic Research, 2001.
[④] 具体见Fagan等的论文An Area-Wide Model (AWM) for the Euro Area, 2010.

Wouters)2001年考察了欧元区1980年至1998年间货币政策的传导机制[1]，并以VAR模型重点检验了货币政策冲击的产出放大效应，所得结论与对美国分析的结论极为相似。2003年，斯密茨和沃特斯运用现代DSGE模型通过对GDP、消费、投资、实际工资、就业率以及名义利率的考察分析各种冲击对经济波动的影响，以泰勒规则为约束的货币政策冲击在经验数据上体现出较大的放大效应。由于方法以及数据拟合的优良效果，该范式被定义为SW模型并大量应用于欧洲央行。随后，斯密茨和沃特斯进一步修正DSGE模型[2]，并将欧洲与美国同时期(1974—2002年)进行比较分析。尽管各自央行的运行机制并不相同，但货币政策冲击对经济的放大效应均得到了论证。劳伦斯·克里斯蒂阿诺、罗伯特·莫特(Roberto Motto)和马西莫·罗斯塔格诺(Massimo Rostagno)则回归费雪著名的"债务-通货紧缩"思想，将金融因素融入DSGE模型，考察商业周期的运行规律，通过对欧元区及美国数据的分析，论证了包括货币政策冲击在内的外部环境变化对经济波动的扩散影响，并形成了新的CMR分析框架。

相较而言，中国国内对货币政策冲击效应的研究起步较晚，其中绝大部分停留于运用计量方法进行检验，并无基于传导机制及因果逻辑的数理经济学模型，严格意义上说缺乏实证经济学研究内在一致性。

最早涉足与货币政策冲击效应相关工具研究的是刘斌。2003年，刘斌通过对现代西方宏观经济学主流模型的比较，揭示DSGE研究框架在预测及模拟货币政策方面的优点，并强调结合具体国情开发自主模型的重要性。

2005年杜清源和龚六堂首次运用DSGE的建模思路，将RBC模型与金融加速器效应相结合，重点考察剔除价格黏性等因素后，技术冲击等因素对宏观波动的影响，参数估计运用校准的方法，开辟了国内学者应用DSGE工具研究金融加速器效应的先例。

2008年，刘斌则进一步基于中国国情建立了一个嵌入金融加速器效应的开发经济DSGE模型，并采用贝叶斯估计的方法进行参数估计，较为贴切地模拟了货币政策冲击对产出的放大效应。

其后，国内陆续出现运用DSGE研究方法考察货币政策冲击效应的成果。

---

[1] Peersman G, Smets F. The monetary transmission mechanism in the Euro area[R]. Frankfurt: European Central Bank, 2001.
[2] Smets F, Wouters R. Comparing shocks and frictions in US and euro area business cycles- a bayesian DSGE approach[R]. Frankfurt: European Central Bank, 2004.

曹永琴(2008)将金融加速器效应运用于新凯恩斯框架,重点考察了货币政策在不同类型企业、不同地区、不同行业及不同经济周期中所体现的非对称效应。徐高(2008)通过构建RBC及新凯恩斯框架两种DSGE模型分别考察了在无货币政策冲击及有货币政策冲击条件下,中国经济波动效应的大小。全冰(2010)以CEE框架为核心考察了货币、利率与资产价格的联动关系,并运用最大似然、贝叶斯估计的方法较为完整地演绎了现代DSGE模型的求解过程,并论证并拟合了货币政策冲击效应对经济产出的放大影响。李松华(2010)则集中从货币政策传导效应的视角构筑DSGE模型分析中国经济的波动。李霜(2011)通过建立DSGE模型分别从货币政策冲击、价格冲击、信用冲击、石油冲击等多个角度分析经济波动的影响。袁申国等(2011)则进一步探究中国开放经济中金融加速器的存在性,并比较不同汇率制度对经济波动的影响。

纵观国内外已有成果,以DSGE模型应用于货币政策冲击的产出效应分析已是大势所趋,但相关研究依然有待完善,关键是如何构建能够符合各国国情特点并具备拟合"精度"的DSGE范式。

第三章 随机动态一般均衡(DSGE)模型的研究框架

通过上一章对货币政策冲击效应的文献回顾，DSGE模型作为一种相对新兴的研究工具，虽然大规模应用的时间并不长，但鉴于其自身较为全面的综合优点，已成为现今各主流研究机构、主要国家与地区央行、行政决策部门分析宏观经济问题及评估政策效力的首选。本研究对于欧元区货币政策冲击效应的分析也基于DSGE模型的分析框架，因此在本章将从研究工具的角度将其应用的流程完整呈现出来。

第一节 DSGE模型的分析框架简介

如前章第三节的介绍，DSGE模型的优点不仅仅在于纯模型层面有关"随机""动态""一般均衡"等特征的简单综合，而是基于经济学研究方法上将数理经济学的理论基础与计量经济学的数据检验及模拟过程结合于一个统一的分析框架之中，从空间上覆盖了微观与宏观系统，从时间上融入了短期与长期考察；且模型在充分保持内在一致性的前提下，还嵌入了结构特征贴近于实体经济的真实情况，将预测与模拟功能充分的发挥。

一般而言，以DSGE模型为研究工具的分析方法由模型设定、模型求解、模型参数估计以及政策模拟四个部分。

一、模型设定概述

模型设定是DSGE模型研究的起始步骤。与传统的绝大部分宏观经济模型相似，模型设定的根本目标是通过数理经济学的方程来描述现实经济，以达到对经济规律及现象的归纳及总结。但DSGE除上述设定的基本原则外还有一些自身的特点，尤其在模型设定环节体现的较为明显。一是DSGE模型的设定遵循严格的经济学理论基础，从最初的RBC到后来的新凯恩斯主义，再到现代的BGG、CEE、SW、CMR，无论采取何种范式都是基于经济学理论的演绎及综合。在实践中不断融合新古典宏观经济、新凯恩斯主义、新兴古典经济学等理论精华，并嵌入统一的分析框架，使DSGE模型具有了长期的生命力。二是DSGE模型的设定过程并非某种市场、某种效应的单一演绎，而是从微观到宏观，从短期到长期，从静态到动态，以一般均衡的原则全方位体现。其中不仅有对家庭、零售商、生产商、银行、政府等主体基于各自约束条件最优决策的均衡描述，更需从总量角度将上述局部均衡融入总体的宏观框架中加以设定，并体现动态性和随机性的选择，为模型后期的求解及模拟奠定基础。

值得一提的是，针对不同目标DSGE模型在设定上不可能完全一致，但基于整个研究工具的运行过程（包括后面的模型求解、模型参数估计、政策模拟环节），目前的DSGE在设定上基本沿用一定相对成熟的主体框架，例如与前文的RBC、新凯恩斯、BGG、CEE、SW、CMR范式都是一脉相承的体系，并不是天马行空式的任意发散。毕竟就目前经济学方法而言，要达到完全意义上的外部一致性，受现阶段哲学及数学本身的限制不可能完全实现，因此DSGE模型的设定是在保证内部一致性严谨因果逻辑体系下对现实经济尽可能进行分析，需在模型与现实之间找到平衡点。

二、模型求解概述

对于DSGE模型而言，求解是指将模型中各变量间的动态关系及过程予以归纳。如果是离散模型，这一动态过程将以差分系统体现，如果是连续模型，则对应于微分系统。以前者为例，这一过程通常需要首先将所涉及各行为主体的最优条件描述出来。接着通过预期均衡关系式将考虑模型约束条件及优化条件的关系加以表示。最后消去上述关系式中的预期，得出差分系统，完成求解过程。而如果是连续模型，求解思路是类似的。

但需要指出的是，上述过程的前提是模型的解析解可以求出。某些DSGE模型的确可以遵循上述思路解出，但大部分DSGE模型由于自身特性非常难以求出解析解，甚至解析解根本不存在。针对这一情况，数值解是求解DSGE模型的另一选择。具体而言又有两种方法。一是采用线性化的方式，将模型系统中的非线性均衡方程(绝大部分情况)改写成线性方程,再通过线性代数求解。具体方式上又可针对不同采取情况采取泰勒展开或者是对数线性化达成。二是运用不动点定力,以数值迭代的方法解出值函数并描述均衡状态。相对而言,线性化不仅相对使用简便,且有利于模型后期的参数估计,故使用较为普遍,在具体线性化的方式上又以对数线性化为主。

基于上述对数线性化均衡模型,下一步则是如上文所述将均衡关系式中的期望消去,求得可以描述变量间动态关系的差分系统,具体解法包括早期芬恩·基德兰德(Finn E. Kydland)和爱德华·普雷斯科特(Edward C. Prescott)于1982年提出的线性二次近似法、奥利维尔·让·布兰查德(Olivier Jean Blanchard)和查尔斯·米尔顿·卡恩(Charles Milton Kahn)于1980年提出的BK分解法、Uhlig于1999年提出的待定系数法、弗兰克·斯密茨于2001年提出的QZ分解法,以及保罗·克莱恩(Paul Klein)于2002年提出的Schur分解法等[①]。就目前而言,BK方法较为常见,将在下文介绍。

三、模型参数估计概述

DSGE模型参数的估计是整个分析过程后期成果的实际体现,是决定模型设计是否成功,是否有助于模拟现实经济及提供政策评估的关键所在,作用非常重要。从目前研究成果看,DSGE模型参数的估计方法较为多样,包括了参数校准(Calibration)、广义矩估计(GMM)、模拟钜估计(SMM)、极大似然估计(MLE)、贝叶斯估计(BE)、策略函数迭代(Policy function Iterations)等。但总体而言参数校准、极大似然估计以及贝叶斯估计三种方法的使用较为广泛,具体将在下文中予以介绍。

四、政策模拟概述

如前文所述,DSGE模型的一大特色就在于其在政策模拟方面的优势,尤其体现在对政策冲击效应的分析环节。虽然VAR系列模型也可以通过脉冲效应函数及方差分解的方式模拟政策对实体经济的影响,但相比之下,DSGE模型具有坚实的经济学理论基础,而不是单纯的数据生成过程,显得更符合现

[①] Judd(1998)较为完整地介绍了DSGE模型求解方法。

实。而且这一特点已经为诸多成果的经验分析所证明。

第二节 DSGE 模型的设定

DSGE 模型的设定是以经济学理论为依据,遵循一般均衡理论将市场上各利益主体在面临不同行为规则约束及不确定情况下的最优决策均衡加以动态描述的过程。由此,鉴于不同的经济理论、不同的规则及不同冲击,所设定的模型在形式上并非完全一样。但正如前文所述,无论基于何种情形,DSGE 模型的设定形式是一个不断继承深化的过程,某些共通性始终存在,由此也构成了模型的基本框架。

通常意义上认为 DSGE 模型的雏形为 RBC,首次以动态一般均衡的方式描述宏观经济运行,并在早期的数据检验上获得优良的效果,开拓了分析宏观经济的全新方法。但由于没有加入价格黏性、垄断竞争及货币政策等新凯恩斯基本元素,使其在模型设定环节对现实经济的描述缺乏解释力。因此,DSGE 模型设定的基本框架定位于新凯恩斯模型(见图 3.1 实线部分),主要由个体家庭行为、银行行为、企业行为和中央银行(货币政策)行为四部分组成,其后的新凯恩斯基础上产生的 BGG、CEE、SW、CMR 则是基于上述基本框架的扩展,增加了政府(财政政策)行为,并对企业行为进一步分类形成生产商行为、零售商行为(中间品商行为)、资本品商行为(见图 3.1 虚线部分)。此外,欧洲央行的 NAWM 模型则包括了对开放经济条件下国际市场的考察。

以基本框架为例,各市场主体行为的决策方式如下:银行是市场的核心,分别向家庭和企业吸收存款并发放贷款。在理论模型的假设中,家庭成员在企业生产,提供劳动力并获得工资,得到贷款的企业则用以投资生产并将产品销售给家庭获得利润进行再投资再生产。中央银行在该系统中通过货币政策对银行信贷进行调节,通常包括了泰勒规则及麦卡勒姆规则两种方式。

当然,在扩展框架中制定财政政策的政府不仅从税收与公共支出(政府购买及转移支付)两方面影响家庭及企业的行为,还可通过国债的方式影响商业银行决策。另一方面,对企业最终产品商、零售商、中间产品商以及企业家的细化分类将有助于从更微观层面贴切描述实体经济的运行状况,因此也是近些年经济学家关注的重点之一。此外,全球一体化进程的加速使国际市场对一国经济的影响愈发重要,在某些模型设定中也会纳入国际环境的考量。

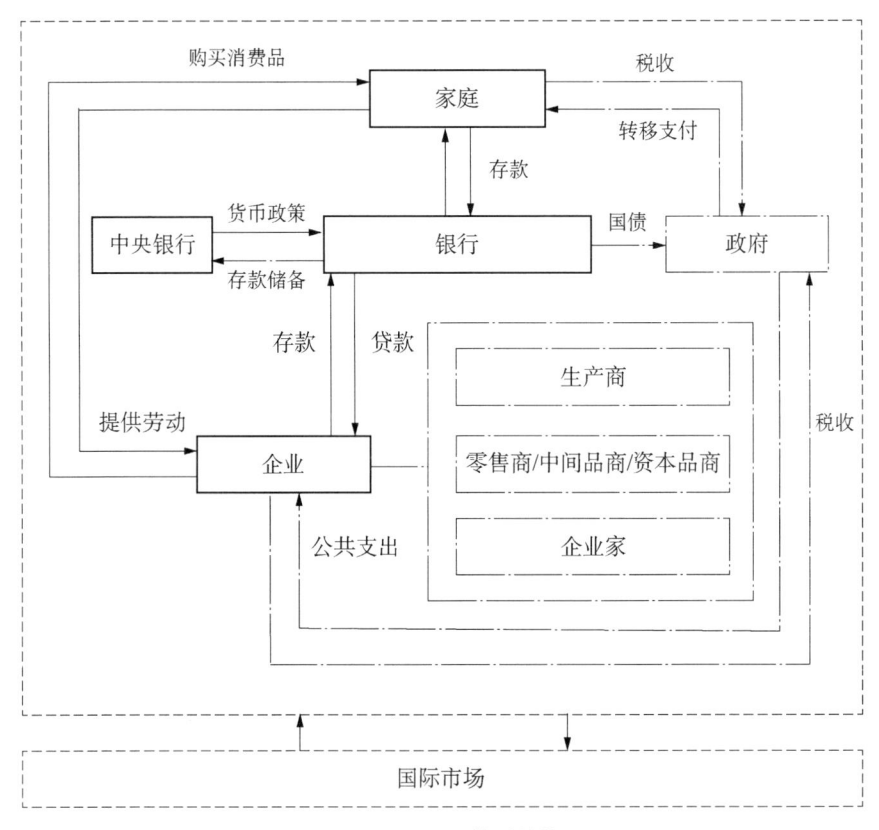

图 3.1　DSGE 模型结构

注：实线部分：DSGE 基本框架；虚线部分：DSGE 扩展框架。

需要指出的是，在模型设定环节也并非越复杂越好。一方面，DSGE 模型设定的直接目的不是毫无规则地刻画现实经济，而是求解方程并预测及模拟，因此过于复杂的模型往往会导致难于处理或求解困难。这也正是为何从 RBC 到 CMR 的 DSGE 各范式尽管具体形式不同，但均遵从统一脉络的原因。另一方面，就方法论而言，即使模型试图通过复杂的方式对实体经济进行完全的描述，但如前所述，在当今的总体科学条件下完全反映客观经济现象是一种空谈且无法实现。由此，针对具体研究问题的主旨，在模型与现实间把握均衡点是设定 DSGE 模型的关键。

第三节 DSGE 模型的求解方法

在完成 DSGE 模型的设定之后的下一步工作是模型求解。如前文所述，由于大部分 DSGE 模型很难求出解析解，因此选择数值解的方式予以近似。在这一环节，模型的求解又分两步：一是转化模型，二是线性化系统求解。

一、DSGE 模型的转化

为求出数值解需将原 DSGE 模型转化，可通过线性化法，或是数值迭代法达成。相较而言，前者运用较为普及且成熟，具体操作上又可分为一阶泰勒展开和对数线性化两种方式。

假定设定好的非线性模型为：

$$G(X_t, Y_t) = F(Z_t) \tag{3.1}$$

其中 t 下标表示任意时间，在稳态时方程则为：

$$G(X, Y) = F(Z) \tag{3.2}$$

设 M 为方程中任意变量 M_t 在稳态时的取值。

（一）一阶泰勒展开

若将 3.1 式在稳态值 X, Y, Z 处采用一阶泰勒展开，则方程可改写为：

$$G(X, Y) + \frac{\partial G}{\partial X_t}(X) \cdot (X_t - X) + \frac{\partial G}{\partial Y_t}(Y) \cdot (Y_t - Y) = F(Z) + F_z(Z) \cdot (Z_t - Z) \tag{3.3}$$

稳态时，由式 3.2 可得：

$$\frac{\partial G}{\partial X_t}(X) \cdot X \cdot \frac{X_t - X}{X} + \frac{\partial G}{\partial Y_t}(Y) \cdot Y \cdot \frac{Y_t - Y}{Y} = F_z(Z) \cdot Z \cdot \frac{Z_t - Z}{Z} \tag{3.4}$$

又因任意变量 M_t 对稳态值 M 的对数偏离 $m_t = \log\left(\frac{M_t}{M}\right) \approx \frac{M_t - M}{M}$，所

以可导出对数化形式的方程：

$$\frac{\partial G}{\partial X_t}(X) \cdot X \cdot x_t + \frac{\partial G}{\partial Y_t}(Y) \cdot Y \cdot \hat{y}_t = F_z(Z) \cdot Z \cdot \hat{z}_t \quad (3.5)$$

(二) 对数线性化

上文有所提及，采用对数线性化的方法不仅易于简化，且更有益于后期的模型参数估计过程，因此在实际运用中使用普遍。

因为 $M_t = e^{\log X_t}$ 恒成立，故将其代入式 3.1，同时在等式两边取对数：

$$\log(G(e^{\log X_t}, e^{\log Y_t})) = \log(F(e^{\log Z_t})) \quad (3.6)$$

同样在稳态值 $\log X$，$\log Y$，$\log Z$ 处进行一阶泰勒展开，则方程可改写为：

$$\log(G(X, Y)) + \frac{G_1(X, Y)}{G(X, Y)} \cdot X(\log X_t - \log X)$$
$$+ \frac{G_2(X, Y)}{G(X, Y)} \cdot Y(\log Y_t - \log Y)$$
$$= \log(F(Z)) + \frac{F_z(Z)}{F(Z)} \cdot Z(\log Z_t - \log Z) \quad (3.7)$$

稳态时，设 $\hat{x}_t = \log X_t - \log X$，$\hat{y}_t = \log Y_t - \log Y$，$\hat{z}_t = \log Z_t - \log Z$，由式 3.2，式 3.7 可转化为：

$$G_1 \cdot X \cdot \hat{x}_t + G_2 \cdot Y \cdot \hat{y}_t = F_z \cdot Z \cdot \hat{z}_t \quad (3.8)$$

比较式 3.5 与式 3.8，是一致的，而对于更多变量的形式也可以通过线性化的方式转化。

二、DSGE 线性化系统的数值求解（BK 方法）

在 DSGE 模型转化之后线性系统后，求解的思路是通过消去期望符号（理性预期因素的影响），得到描述市场行为主体行为特征的差分系统，以此完整方程求解的过程。如前文所述目前较为成熟的求解方法是布兰查德（Blanchard）和卡恩（Kahn）1980 年的 BK 法，故下文将重点介绍。

(一) 变化为 BK 标准型

通常 DSGE 模型线性化后的矩阵方程可写为如下形式：

$$K_1 E_t d_{t+1} = K_2 d_t + K_3 \varepsilon_t \tag{3.9}$$

该式中 K_1、K_2 和 K_3 为系数矩阵，是系统结构参数的函数表达形式。E_t 为期望符号，指在 t 期时对系统中所有下一期变量的条件期望。向量 d_t 为 DSGE 系统内生变量和外生变量的集合，由上文可知在处理上通常表示为对稳态值的对数偏离形式。向量 ε_t 则为系统的扰动项，是系统所受外生冲击的集合。

下一步，如果系数矩阵 K_1 可逆，则可通过逆矩阵左乘式 3.9 的方法改写方程，目的是为了使线性化系统进一步变形为符合 BK 方法使用的形式：

设 $J = K_1^{-1} K_2$ $L = K_1^{-1} K_3$，则式 3.9 式可改写为：

$$E_t d_{t+1} = J d_t + L \varepsilon_t \tag{3.10}$$

该式即为 BK 标准型。

但某些情况下，系数矩阵 K_1 不可逆，即无法直接使用 BK 方法求解。对此，金(King)和沃特森(Watson)于 2002 年提出了一种缩减模型为确定性变量子集的方式。具体而言，将 DSGE 线性系统中的变量划分为动态变量，静态变量和动态变量三种，分别以向量 p_t、q_t、r_t 表示；同时设 U_1 到 U_7 为新矩阵方程的系数矩阵，并假定 U_1 和 U_4 可逆，则原线性系统可改写为：

$$U_1 \cdot p_t = U_2 \cdot q_t + U_3 \cdot r_t \tag{3.11}$$

$$U_4 \cdot E_t(q_{t+1}) = U_5 \cdot q_t + U_6 \cdot p_t + U_7 \cdot r_t \tag{3.12}$$

接着，用 U_1^{-1} 左乘式 3.11 得：

$$p_t = U_1^{-1} U_2 \cdot q_t + U_1^{-1} U_3 \cdot r_t \tag{3.13}$$

继续代入式 3.12 得：

$$U_4 \cdot E_t(q_{t+1}) = (U_5 + U_6 U_1^{-1} U_2) \cdot q_t + (U_7 + U_6 U_1^{-1} U_3) \cdot r_t \tag{3.14}$$

用 U_4^{-1} 左乘式 3.14 得：

$$E_t(q_{t+1}) = U_4^{-1}(U_5 + U_6 U_1^{-1} U_2) \cdot q_t + U_4^{-1}(U_7 + U_6 U_1^{-1} U_3) \cdot r_t$$

$$\tag{3.15}$$

该形式与 BK 标准型式 3.10 是一致的。至此，系数矩阵不可逆的问题也予以解决。

(二) 求解 BK 方程

基于 BK 标准型，$E_t d_{t+1} = J d_t + L \varepsilon_t$，设 $d_{t+1} = [d_{1t+1} \ d_{2t+1}]'$，则标准型可改写为：

$$\begin{bmatrix} d_{1t+1} \\ E_t(d_{2t+1}) \end{bmatrix} = J \begin{bmatrix} d_{1t} \\ d_{2t} \end{bmatrix} + L \varepsilon_t \tag{3.16}$$

该式中，d_{1t+1} 为内生前定变量，不包括误差项，d_{2t+1} 为内生非前定变量，包含预测误差，ε_t 为外生扰动项，且 $E_t(\varepsilon_t) \neq 0$。$J$、$L$ 均为系数矩阵：

$$J = \begin{bmatrix} J_{11} & J_{12} \\ J_{21} & J_{22} \end{bmatrix}, \quad L = \begin{bmatrix} L_1 \\ L_2 \end{bmatrix} \tag{3.17}$$

根据 BK 方法，下一步将对 J 进行约旦分解（Jordan decomposition），设 Ω 可逆，$J = \Omega^{-1} \Lambda \Omega$，则式 3.16 化为：

$$\begin{bmatrix} d_{1t+1} \\ E_t(d_{2t+1}) \end{bmatrix} = \Omega^{-1} \Lambda \Omega \begin{bmatrix} d_{1t} \\ d_{2t} \end{bmatrix} + \begin{bmatrix} L_1 \\ L_2 \end{bmatrix} \varepsilon_t \tag{3.18}$$

其中，矩阵 Λ 的对角值为系数矩阵 J 的特征根，并从左至右按其绝对值大小排列，如下式：

$$\Lambda = \begin{bmatrix} \Lambda_1 & 0 \\ 0 & \Lambda_2 \end{bmatrix} \tag{3.19}$$

该矩阵中 $|\Lambda_1| \leq 1$ 和 $|\Lambda_2| > 1$，分别表示 Λ_1 的特征根均在单位圆内，Λ_2 的特征根则在单位圆外。显然 Λ_1 是平稳的，而由于 Λ_2^n 会随着 n 的增加而变大，故非平稳。

进一步，将矩阵 Ω 分块得：

$$\Omega = \begin{bmatrix} \Omega_{11} & \Omega_{12} \\ \Omega_{21} & \Omega_{22} \end{bmatrix} \tag{3.20}$$

将该式左乘式 3.18，可化为：

$$\begin{bmatrix} \Omega_{11} & \Omega_{12} \\ \Omega_{21} & \Omega_{22} \end{bmatrix} \begin{bmatrix} d_{1t+1} \\ E_t(d_{2t+1}) \end{bmatrix} = \begin{bmatrix} \Lambda_1 & 0 \\ 0 & \Lambda_2 \end{bmatrix} \begin{bmatrix} \Omega_{11} & \Omega_{12} \\ \Omega_{21} & \Omega_{22} \end{bmatrix} \begin{bmatrix} d_{1t} \\ d_{2t} \end{bmatrix} + \begin{bmatrix} \Omega_{11} & \Omega_{12} \\ \Omega_{21} & \Omega_{22} \end{bmatrix} \begin{bmatrix} L_1 \\ L_2 \end{bmatrix} \varepsilon_t \quad (3.21)$$

令

$$\begin{bmatrix} \Omega_{11} & \Omega_{12} \\ \Omega_{21} & \Omega_{22} \end{bmatrix} \begin{bmatrix} d_{1t} \\ d_{2t} \end{bmatrix} = \begin{bmatrix} \widetilde{d}_{1t} \\ \widetilde{d}_{2t} \end{bmatrix} \quad (3.22)$$

$$\begin{bmatrix} \Omega_{11} & \Omega_{12} \\ \Omega_{21} & \Omega_{22} \end{bmatrix} \begin{bmatrix} L_1 \\ L_2 \end{bmatrix} = \begin{bmatrix} W_1 \\ W_2 \end{bmatrix} \quad (3.23)$$

则式 3.21 可写为：

$$\begin{bmatrix} \widetilde{d}_{1t+1} \\ E_t(\widetilde{d}_{2t+1}) \end{bmatrix} = \begin{bmatrix} \Lambda_1 & 0 \\ 0 & \Lambda_2 \end{bmatrix} \begin{bmatrix} \widetilde{d}_{1t} \\ \widetilde{d}_{2t} \end{bmatrix} + \begin{bmatrix} W_1 \\ W_2 \end{bmatrix} \varepsilon_t \quad (3.24)$$

由该式可知，内生非前定变量 d_{2t+1} 取决于 Λ_2 中所包含系数矩阵 J 的非平稳特征根。将式 3.24 继续化简可改写为：

$$\begin{cases} \widetilde{d}_{1t+1} = \Lambda_1 \widetilde{d}_{1t} + W_1 \varepsilon_t \\ E_t(\widetilde{d}_{2t+1}) = \Lambda_2 \widetilde{d}_{2t} + W_2 \varepsilon_t \end{cases} \quad (3.25)$$

整理其中第二个方程：

$$\widetilde{d}_{2t} = \Lambda_2^{-1} E_t(\widetilde{d}_{2t+1}) - \Lambda_2^{-1} W_2 \varepsilon_t \quad (3.26)$$

前一期方程可写为：

$$\widetilde{d}_{2t+1} = \Lambda_2^{-1} E_{t+1}(\widetilde{d}_{2t+2}) - \Lambda_2^{-1} W_2 \varepsilon_{t+1} \quad (3.27)$$

两式合并得：

$$\begin{aligned} \widetilde{d}_{2t} &= \Lambda_2^{-1} E_t[\Lambda_2^{-1} E_{t+1}(\widetilde{d}_{2t+2}) - \Lambda_2^{-1} W_2 \varepsilon_{t+1}] - \Lambda_2^{-1} W_2 \varepsilon_t \\ &= \Lambda_2^{-2} E_t[E_{t+1}(\widetilde{d}_{2t+2})] - \Lambda_2^{-2} E_t W_2 \varepsilon_{t+1} - \Lambda_2^{-1} W_2 \varepsilon_t \\ &= \Lambda_2^{-2} E_t(\widetilde{d}_{2t+2}) - \Lambda_2^{-2} W_2 E_t(\varepsilon_{t+1}) - \Lambda_2^{-1} W_2 \varepsilon_t \end{aligned} \quad (3.28)$$

由上文，Λ_2 的特征根在单位圆外，故 $n \to \infty$ 时，向无穷时，$\Lambda_2^{-n} = 0$，故式 3.28 可改写为：

$$\widetilde{d}_{2t} = -\sum_{i=0}^{\infty} \Lambda_2^{-(t+1)} W_2 E_t(\varepsilon_{t+1}) \quad (3.29)$$

由式 3.22 下半部分得：
$$\tilde{d}_{2t} = \Omega_{21} d_{1t} + \Omega_{22} d_{2t} \tag{3.30}$$

将式 3.29 代入式 3.30,可得：
$$d_{2t} = -\Omega_{22}^{-1} \sum_{i=0}^{\infty} \Lambda_2^{-(t+1)} W_2 E_t(\varepsilon_{t+1}) - \Omega_{22}^{-1} \Omega_{21} d_{1t} \tag{3.31}$$

该式即线性 DSGE 系统 BK 标准型内生非前定变量的解。

由式 3.16 下半部分和式 3.17,可得：
$$d_{1t+1} = J_{11} \cdot d_{1t} + J_{12} \cdot d_{2t} + L_1 \cdot \varepsilon_t \tag{3.32}$$

将式 3.31 代入 3.32,可得：
$$\begin{aligned} d_{1t+1} &= J_{11} d_{1t} + J_{12} \left[-\Omega_{22}^{-1} \sum_{i=0}^{\infty} \Lambda_2^{-(t+1)} W_2 E_t(\varepsilon_{t+1}) - \Omega_{22}^{-1} \Omega_{21} d_{1t} \right] + L_1 \cdot \varepsilon_t \\ &= (J_{11} - J_{12} \Omega_{22}^{-1} \Omega_{21}) d_{1t} - J_{12} \Omega_{22}^{-1} \sum_{i=0}^{\infty} \Lambda_2^{-(t+1)} W_2 E_t(\varepsilon_{t+1}) + L \cdot \varepsilon_t \end{aligned} \tag{3.33}$$

该式即线性 DSGE 系统 BK 标准型内生前定变量的解。

将式 3.33 简化后,可写成解的一般形式：
$$d_{t+1} = \zeta d_t + \xi \varepsilon_t \tag{3.34}$$

该式中系数矩阵 ζ 及 ξ 表示模型系统结构参数的函数。

根据 BK 方法,判断 DSGE 线性系统解的存在性及唯一性的标准在于系数矩阵 J 非稳定特征根数目与内生非前定变量数目的关系。具体分为以下三种情况。

(1) 当系数矩阵非稳定特征根数目大于内生非前定变量数目,模型无解。

(2) 当系数矩阵非稳定特征根数目等于内生非前定变量数目,模型有且存在唯一解。

(3) 当系数矩阵非稳定特征根数目小于内生非前定变量数目,模型有解,但不唯一。

值得一提的是,BK 方法并非唯一求解 DSGE 线性系统的选择,尤其近几年来 Schur 方法以及 QZ 分解也得到了较广的应用。虽然形式不同,但在基本思路上与 BK 方法是一致的。选择不同解法的关键还需基于不同的情形,不可生搬硬套。

第四节　DSGE 模型的参数估计方法

目前对 DSGE 模型的参数估计主要采用以下三种方法：参数校准法、极大似然法与贝叶斯估计法。本节将分别予以介绍：

一、参数校准法

校准(Calibration)的方法最早由芬恩·基德兰德(Finn Erling Kydland)和爱华德·普雷斯科特(Edward Christian Prescott)提出，用以对模型的参数进行估计。其核心原则是运用归纳的思想以经验研究的方式来确定参数，从而为进一步模拟实际经济运行做好准备。具体操作上通常围绕数据的一阶矩条件来确定模型参数值，或者从已有研究成果中借鉴并运用，根本标准是使所设置的参数值实现观测数据与理论矩的吻合。正是基于上述从数据出发主动拟合理论的思想，该方法具有较强的稳健性，在相当长的时间内一直是对 DSGE 线性系统进行参数估计的主流形式。

但不可忽视的是该方法具有一定的随意性且缺乏必要的理论基础，尤其是在估计复杂 DSGE 系统的参数时显得并不适宜。相比之下，随着计算机技术的发展，原先需要耗费大量手工运算的极大似然法与贝叶斯估计法既具有理论基础，又具有完整的统计学框架，在近几年发展迅速。

二、极大似然法

极大似然法是基于数学分析的思想，从最大可能性角度从观测结果对反应事物性质的参数进行估计的一种方法。在对 DSGE 线性系统参数估计的应用中，一般有下列步骤：(1)将 DSGE 模型的解化为状态空间，通常包括状态方程和观测方程。(2)运用滤波的方法得到其似然函数，目前通常采用的是卡尔曼滤波算法(Kallmann filtering)转化，这也是整个极大似然法的核心步骤。(3)最大化似然函数计算出参数估计值，其中的核心步骤在于似然函数的确定。

(一) 状态空间形式

基于上节所述,可将 DSGE 线性系统的解化为以下形式:

$$y_t = \Phi(\alpha) y_{t-1} + \varrho_t \tag{3.35}$$

$$Y_t = \Psi'(\alpha) y_t \tag{3.36}$$

式 3.35 表示状态方程。y_t 为状态变量;ϱ_t 为外生随机扰动项,服从均值为 0,协方差平稳的高斯分布;系数矩阵 Φ,如式 3.35 所表示为模型结构参数 α 的函数,该式整体描述了系统的动态变化过程。式 3.36 为观测方程,其中 Y_t 指观测变量,系数矩阵 Ψ 同样也为 α 的函数,该式的意义在于建立了观测变量与状态变量之间的关系方程。

(二) 卡尔曼滤波算法

设 Γ、Υ 为估算及预测的方差-协方差矩阵

首先估算 0 期时状态变量的无条件值:

$$y_{1|0} = 0 \tag{3.37}$$

$$\Gamma_{1|0} = E(y_1 - y_{1|0}) - (y_1 - y_{1|0})' \tag{3.38}$$

继而估计观测变量 $Y_{1|0}$:

$$Y_{1|0} = \Psi'(\alpha) y_{1|0} = 0 \tag{3.39}$$

$$\Upsilon_{1|0} = E(Y_1 - Y_{1|0}) - (Y_1 - Y_{1|0})' \tag{3.40}$$

观测变量 Y_1 服从均值为 $Y_{1|0}$,方差为 $\Upsilon_{1|0}$ 的正态分布,又设 q 为观测变量的数目,故观测变量 Y_1 似然函数为:

$$L(Y_1 \mid \alpha) = (2\pi)^{-q/2} \mid \Upsilon_{1|0}^{-1} \mid^{(1/2)} \exp[(-1/2)(Y_1' \Upsilon_{1|0} Y_1)] \tag{3.41}$$

进一步,对应于 $t-1$ 期,对 t 期变量状态变量进行估算:

$$y_{t|t-1} = \Phi y_{t-1} \tag{3.42}$$

$$\Gamma_{t|t-1} = E(y_t - y_{t|t-1}) - (y_t - y_{t|t-1})' \tag{3.43}$$

类似地,估计观测变量 $Y_{t|t-1}$:

$$Y_{t|t-1} = \Psi' y_{t|t-1} \tag{3.44}$$

$$\Upsilon_{t|t-1} = E(Y_t - Y_{t|t-1}) - (Y_t - Y_{t|t-1})' \tag{3.45}$$

由式 3.44 和式 3.45 对 t 期观测变量及状态变量的进行迭代及估计：

$$y_{t|t} = y_{t|t-1} + \Gamma_{t|t-1}\Psi\Upsilon_{t|t-1}^{-1}(Y_t - Y_{t|t-1}) \quad (3.46)$$

$$\Gamma_{t|t} = \Gamma_{t|t-1} - \Gamma_{t|t-1}\Psi\Upsilon_{t|t-1}^{-1}\Psi'\Gamma_{t|t-1} \quad (3.47)$$

通过式 3.46 和式 3.47，观测变量 Y_t 的似然函数为：

$$L(Y_t \mid \alpha) = (2\pi)^{-q/2} \mid \Upsilon_{t|t-1}^{-1} \mid^{(1/2)} \cdot$$
$$\exp[(-1/2)(Y_t - Y_{t|t-1})'\Upsilon_{t|t-1}^{-1}(Y_t - Y_{t|t-1})] \quad (3.48)$$

因为由上述卡尔曼滤波算法求出的条件概率序列相互间独立，所以可得：

$$L(Y \mid \alpha) = \prod_{T=1}^{T} L(Y_t \mid Y^{t-1}) \quad (3.49)$$

设 θ 为待估参数，则 DSGE 线性系统的似然函数为：

$$\ln L(Y \mid \theta) = \sum_{T=1}^{T} \ln L(Y_t \mid \alpha) = -(qT/2)\ln(2\pi) - (1/2)$$
$$\sum_{T=1}^{T} \ln \mid \Upsilon_{t|t-1} \mid -(1/2)\sum_{T=1}^{T}[(Y_t - Y_{t|t-1})'\Upsilon_{t|t-1}^{-1}(Y_t - Y_{t|t-1})]$$
$$(3.50)$$

(三) 最大化似然函数求参数值

在得到 DSGE 线性系统似然函数的基础上，通过求解一组最大化该函数的结构参数即可得到所需估计的参数值。但在这一环节中需注意奇异性问题，即对于由式 3.35 和式 3.36 表示的线性系统而言，用于估计的观测变量的数目不能超过外生随机扰动项的数目，否则估计是失效的。

这是由于如果观测变量数目大于外生随机扰动项数目会导致一个描述观测变量间关系的新线性组合产生，会直接使随机因素的影响被完全剔除。这一理想化的理论序列在实际研究中很难通过经验数据得以体现，由此会使上文所述的极大似然法在估计参数环节失效。

在弥补及解决奇异性问题上，通常有两种方法。一是做"减法"：在模型设定环节尽可能使上述观测变量的数目小于或者等于外生随机扰动项的数目。实践中 Chang-Jin Kim(2000)、彼得·爱尔兰(Peter N. Ireland, 2001)及徐高(2008)都是运用了这样的方法回避了奇异性问题。二是做"加法"：同样在模型设定时，引入较多的外生随机扰动冲击，从而使其数目大于观测变量的数目。对于大型复杂的 DSGE 模型而言，将外生随机扰动项的数目相对设置较多通常不会缺乏经济学理论基础,相对可行。但需要的指出的是,过多引入外生冲击会降低冲击分解分析的精度,因此究竟采取何种方式还要结合研究的目的,把握好平衡。

三、贝叶斯估计法

相比于参数校准或者最大似然法,贝叶斯估计法更加全面且充分地运用了信息,将先验信息与最大似然法结合在一起,从而提高了参数估计的精准度。

具体方法主要由以下两步构成:

第一步是如上文所述求得 DSGE 线性系统的极大似然函数,并将结构参数的先验分布作为其权重,从而解得后验分布的密度函数。

假定模型结构参数的先验分布密度函数为 $p(\alpha)$,似然函数为 $L(Y|\alpha)$,则根据贝叶斯定力:

$$p(Y,\alpha) = L(Y|\alpha) \cdot p(\alpha) = p(\alpha|Y) \cdot p(Y) \tag{3.51}$$

由此得模型结构参数的后验分布:

$$p(\alpha|Y) = L(Y|\alpha) \cdot p(\alpha)/p(Y) \tag{3.52}$$

第二步最小化上式中的结构参数或者运用蒙特卡洛马尔科夫链(MCMC)抽样法求得具体的估计值。

值得一提是,在实际的参数估计中并不是单一的运用校准、极大似然法或是贝叶斯估计法,而是根据不同的模型设定及数据构成结合运用。

第五节 DSGE 模型的政策模拟应用

建立经济学模型的主旨就是将其应用于实际经济中,进行类似自然科学的实验模拟,从而达到对实体经济预测及政策制定的评估效果。由于 DSGE 模型不但具有内在一致性特点,相比其他方法具有坚实的理论基础,而且兼备显性化的结构特征,在实际的预测及模拟应用具有良好的表现,因此被广泛应用于决策评估领域。本节将主要介绍其在政策模拟方面的应用。

按照现代西方宏观经济学理论,短期内经济的起伏变化源于外生冲击。

正如前文所述,西方学者将冲击归纳为一种偏离均衡系统稳态的现象。按照冲击对象的不同可分为技术冲击、偏好冲击、财政政策冲击、货币政策冲击等。对于实际经济中的宏观政策制定者而言,显然面临一个不可回避的问题:是哪些冲击引起了宏观经济的波动?各种冲击在其中所占的比重如何?

换一视角思考,如果是否可以通过评估各种冲击对经济波动的具体影响,从而反过来"熨平"经济,从而真正实现凯恩斯主义"相机决策"的政策调控精度?

其实上述两个问题虽然角度不一,但本质是一致的——如何评价某种外生冲击对宏观经济的影响程度。

在 DSGE 研究范式普及之前,现代宏观经济学对冲击的主流分析工具是 VAR 系列模型(尤其是 SVAR)。主要原理是从回归残差中分解出各中冲击,并适当结合经济学理论,从而分析冲击对其他变量的影响。但 VAR 系列模型得以运转的关键除数据之外,还需要满足一定数量的识别条件。为了得出结果,有时不得不主观上添加过多的识别条件,从而使该方法具有极大的随意性,更为严重的是多余的识别条件往往缺乏经济学理论基础,无法体现实证经济学方法论的内在一致性要求。

相比之下,DSGE 范式的优点正体现在政策模拟环节。在 DSGE 模型中,各个外生冲击的实现值及动态过程都可以通过数据被估计出来,从而为分析各个不同冲击对所研究变量的影响提高了精度,尤其适用于政策评估。例如本研究的核心问题货币政策冲击对产出的影响,在 DSGE 范式下将会得到较为详细的解答。具体的操作方法是通过 Matlab 软件中的 dynare 软件包实现,相关的技术过程这里不再做过多阐述。

第四章　欧元区货币政策的对象、制定主体、目标与调节方式

本研究对货币政策冲击的产出效应的分析基于"一个欧元区[①]总体"的范畴。相较其他研究对象，以一个国外学者的视角考察欧洲宏观经济波动固然具有一定特色性，但不可否认源于欧洲、欧盟、欧元区本身相对特殊性状，相关的历史、政治、经济等因素交错贯连，相互影响，从纯经济学视角的货币政策冲击效应问题具有一定的困难。因此有必要在运用数理经济学及计量经济学工具分析前对欧元区货币政策的对象、制定主体以及货币政策的目标与调节方式进行梳理。

第一节　欧元区货币政策的对象

欧元区货币政策的实施对象直观而言即指"欧元区"所包括的国家总和。但鉴于欧洲自身的独特政治人文因素，欧元区并非一个静态独立的概念，而是有着丰富的内涵，不仅承接近现代欧洲的历史脉络且至今依然在不断变化发展中。一个与欧元区紧密相关的范畴是"欧洲经济与货币联盟"（Economic and Monetary Union of the European Union，EMU）[②]，要厘清欧元区货币政

[①] 前文已有所阐述本研究的目标及数据可得性，欧元区概念是指截至 2005 年 12 月的欧元区，即欧元 12 国：奥地利、比利时、法国、芬兰、德国、爱尔兰、意大利、卢森堡、葡萄牙、西班牙、荷兰。但本章由于旨在介绍欧元区货币政策的对象、制定主体、目标与调节方式，且以定性分析为主，故基于信息及时性原则，将欧元区的概念延伸至 2020 年 12 月，即欧元区 19 国：除上述欧元 12 国外，还包括斯洛文尼亚、塞浦路斯、马耳他、斯洛伐克、爱沙尼亚、拉脱维亚、立陶宛。特此说明，该特指仅限于本章。

[②] 部分成果在对该范畴的研究时经常犯两个错误：(1) EMU 是 Economic and Monetary Union of the European Union 的缩写，而非 European Monetary Union，后者并非欧盟的正式机构，只在非正式的场合作为替代词出现。(2) 从字面翻译角度而言，EMU 的中文译名应为欧洲经济与货币联盟，而非欧洲货币联盟。

策的实施对象需从追溯这段历史开始。

一、欧洲经济与货币联盟的发展历程

(一) 欧洲经济与货币联盟理念的萌芽及发展

在欧洲建立一个经济与货币联盟(economic and monetary union)[①]的理念早在欧洲经济共同体成立之前就已萌芽。1929年古斯塔夫·施特雷泽曼(Gustav Stresemann)[②]在国际联盟[③]会议中提出,为了应对当时的国际形势,需要建立一种统一的欧洲货币。然后,联合政体的空心化加之第二次世界大战的爆发使欧洲经济性质联盟的建立在当时称为泡影。

20世纪50年代,在舒曼计划推动下,欧洲煤钢共同体(ECSC, European Coal and Steel Community)[④]、欧洲原子能共同体(European Atomic Energy Community)[⑤]和欧洲经济共同体(European Economic Community)相继成立及合并[⑥],使超主权的国家间经济合作成为可能。在1969年海牙召开的欧洲共同体联盟会议上,各国政要首次共同表达了建立一个更紧密经济政策与货币联盟的强烈愿望,并要求起草相关文件。受会议委托,卢森堡首相皮埃尔·维尔纳(Pierre Werner)领衔的研究小组在1970年完成并制订了一个建立欧洲经济与货币联盟的计划,称作《维尔纳报告》。该计划明确提出了实现欧洲货币统一的三阶段渐进战略,核心包括汇率的挂钩以及超主权独立货币政策的建立等。虽然该计划未提出建立统一的中央银行类组织,且最终因为多种因素而搁置,但不可否认其基本框架的开创性作用,即使在今天看来依然不过时。可以说《维尔纳报告》为后来欧洲货币体系、《德洛尔报告》、《马斯特里赫特条约》的编制等奠定了坚实的基础。

随着1971年布雷顿森林体系的瓦解以及随后爆发的石油危机,欧洲大部

[①] 经济与货币联盟的定义是指由经济联盟(共同的市场及关税同盟)及货币联盟组成的贸易共同体,并不是欧洲经济与货币联盟的专用用语,还包括中非经济与货币联盟、瑞士-列支敦士登等。
[②] 古斯塔夫·施特雷泽曼,曾任德国魏玛共和国总理和外交部部长。
[③] 简称"国联",是《凡尔赛条约》后成立的国际组织,总部设在日内瓦,拥有58个会员国,后被联合国取代。
[④] 欧洲煤钢共同体由1951年签订的《巴黎条约》通过,1952年正式成立并运作。
[⑤] 欧洲原子能共同体、欧洲经济共同体由1957年签订的《罗马条约》通过,1958年正式成立并运作。欧洲经济共同体至1993年《马斯特里赫特条约》改名为欧洲共同体(European Community)。
[⑥] 欧洲煤钢共同体、欧洲原子能共同体、欧洲经济共同体由1965年签订的《布鲁塞尔条约》合并为欧洲共同体联盟(European Communities),1967年正式生效。

分国家金融市场持续动荡,一个欧洲统一经济与货币联盟的想法再次提上欧洲共同体联盟的议事日程。1979年,欧洲经济共同体内主要八个成员国(爱尔兰、比利时、丹麦、法国、德国、荷兰、意大利、卢森堡[①])正式建立了欧洲货币体系(European Monetary System,EMS),以对抗汇率大幅波动。在该系的基本框架下有四个重要组成部分:(1)建立欧洲货币单位(European Currency Unit,ECU),由一揽子货币组成,作为成员国之间结算的货币单位,1979年正式使用。(2)建立欧洲汇率机制(European Exchange Rate Mechanism,ERM),旨在稳定各成员国货币价格,避免汇率波动。(3)延伸欧洲信用便利。(4)建立欧洲货币合作基金[②],以各成员国一定比例的美元及黄金为基本储备,用市场手段调节成员国间汇率水平。由于建立统一的类货币结算单位及汇率稳定机制,该体系在运行后取得了较好的效果,成员国不断扩张。但另一方面欧洲货币体系本身存在诸如欧洲货币单位组成调节等制度缺陷,导致各成员国间的利益矛盾在面对外部冲击事件[③]时集中爆发,最终形成了1992年的欧洲货币危机,使该体系退出了历史舞台。

在欧洲经济共同体成员国尝试统一货币体系的同时,经济与货币统一体在制度上的尝试也在不断推进。1988年,在汉诺威举行的欧洲经济共同体峰会上,委员会主席雅克·德洛尔[④](Jacques Delors)及其专家组被赋予制定一个具有明确时间表,现实及可操作的经济与货币联盟筹备方案。1989年,《欧洲共同体经济与货币联盟报告》(又称《德洛尔报告》)获得通过,不仅明确提出要分三步建立经济与货币联盟,而且强调要成立统一的货币管理局负责执行。具体如下:(1)申请成员国废除相互间的汇率制度,并加入欧洲汇率机制(ERM)以作为过渡。(2)成员国要进一步减少汇率波动。(3)各国货币将被单一货币替代,货币政策由超主权的货币管理局实施。该报告无疑为欧洲经济共同体各国向建立欧洲经济与货币联盟的目标又迈进了一步。

(二) 欧洲经济与货币联盟的建立历程

将欧洲经济与货币联盟正式推向历史舞台的是1992年7月《马斯特里赫特条约》(Maastricht Treaty)的签署。1991年12月,来自欧洲经济共同体的

[①] 当时英国已是欧洲经济共同体成员国,但并没有在1979年加入欧洲货币体系,而是在1990年加入。
[②] 1973年建立并运营。
[③] 1991年德国统一导致德国经济实力提升,欧洲货币单位组成因制度缺陷无法适时调整。
[④] 德洛尔,法国经济学家与政治家,曾任欧洲经济共同体委员会主席。

第四章　欧元区货币政策的对象、制定主体、目标与调节方式 / 49

12个成员国的政要齐聚荷兰马斯特里赫特召开会议,讨论有关政治与经济改革的草案。1992年7月,正式通过了具有划时代意义的《欧盟条约》(Treaty on European Union, TEU),即《马斯特里赫特条约》。该条约于1993年11月正式生效,意味着欧盟(European Union)正式成立。作为《马斯特里赫特条约》第一支柱①的组成部分,欧洲共同体的文件以《德洛尔报告》为基础,明确提出最迟至1999年完全建立欧洲经济与货币联盟(EMU)的具体阶段性步骤,同时确立了该联盟超主权货币的使用时间。

根据《马斯特里赫特条约》,第一阶段始于1990年7月1日,主要是加强联盟内成员国之间货币政策、共同要素市场等方面的交流与合作,当时的成员国已基本完成该阶段任务。第二阶段从1994年1月1日开始,主要任务在于进一步协调货币政策并建立欧洲货币局(European Monetary Institute, EMI),为下阶段做准备。第三阶段则从1999年开始,具有独立货币政策制定权的中央银行开始运作,同时在市场上使用超主权货币,逐步收回各国货币,至此标志着欧洲经济与货币联盟的正式成立。

而针对欧洲经济与货币联盟第三阶段的特点,《马斯特里赫特条约》对申请国施加了限定要求作为进入条件。马斯特里赫特标准(The Maastricht criteria),又称欧元趋同标准②(Euro Convergence Criteria),包括以下四个方面:(1)通货膨胀率:申请国一年内的通货膨胀率不得超过联盟内通货膨胀率最低三国平均水平的1.5%。(2)政府财政:申请国通常情况下在每个财政年度的财政赤字所占GDP的比率不得高于3%,政府债务所占GDP比重不得高于60%。(3)汇率:申请国应加入欧洲货币体系(EMS)下的欧洲汇率机制(ERM)连续两年作为过渡且期间本国货币不能贬值。(4)长期利率:申请国的名义长期利率不得高于联盟内最低通货膨胀率三国平均水平的2%。

正是在《马斯特里赫特条约》生效后,欧洲经济与货币联盟的组建工作进入实质性阶段:1994年,欧盟于法兰克福成立欧洲货币管理局,作为欧洲经济与货币联盟第二阶段的监管机构。1995年,在马德里召开的欧盟首脑会议(欧洲理事会)正式将超主权货币的名称定为欧元。为保证欧元的使用能平稳过渡,又进一步将第三阶段细化为两个时间段:(1)1999年1月1日起欧元正式

---

① 马斯特里赫特条约的三个支柱分别是欧洲共同体(EC)、司法与内政合作(JHA)、共同外交与安全政策(CFSP)。
② 见欧共体条约(European Community)121(1)文件。

启动并成为记账货币但并不强制所有成员国使用,本国货币依然可以使用,至 2001 年 12 月 31 日。(2)从 2002 年 1 月 1 日开始,欧元现钞与硬币开始流通,7 月 1 日后所有成员国本国货币则强制退出市场。

1997 年欧盟于荷兰首都签订《阿姆斯特丹条约》(Amsterdam Treaty)再次部署了向欧洲经济与货币联盟第三阶段过渡的准备工作,严格要求申请国要满足《稳定与增长公约》[①](Stability and Growth Pact, SGP)以及欧洲汇率机制-Ⅱ(European Exchange Rate Mechanism-Ⅱ, ERM-Ⅱ)的规定,同时决定成立欧洲中央银行(European Central Bank, ECB)以取代欧洲货币管理局。1998 年 5 月欧盟在布鲁塞尔正式宣布了首批 11 个欧洲经济与货币联盟国家名单:奥地利、比利时、法国、芬兰、德国、爱尔兰、意大利、卢森堡、葡萄牙、西班牙、荷兰[②]。同年 6 月,欧洲中央银行(European Central Bank, ECB)按照上述《阿姆斯特丹条约》的要求正式成立,总部为原欧洲货币管理局的所在地法兰克福。2002 年,欧元如计划运行。至此,以欧元的使用及欧洲中央银行的正式运转为标志,欧元区作为欧洲经济与货币联盟的第三阶段正式开始运转。

表 4.1		欧洲经济与货币联盟的发展历程
EMU 萌芽期	1929 年	施特雷泽曼:统一欧洲货币的思想
	1969 年	《维尔纳计划》1970 年出台:三阶段基本框架
	1979 年	欧洲货币体系(EMS),欧洲汇率体系(ERM),欧洲货币单位(ECU)建立
	1988 年	《德洛尔报告》1989 年出台:三阶段计划,建议组建货币管理局
EMU 第一阶段	1990 年	汇率废除,资本在欧洲经济共同体内自由流动
	1991 年	《马斯特里赫特条约》1992 年签订,明确时间表,最迟 1999 年建立 EMU,规定准入条件:欧元趋同标准;1993 年条约正式生效,同时欧盟成立。
EMU 第二阶段	1994 年	欧洲货币管理局成立
	1995 年	马德里会议:欧元正式命名,进一步细化第三阶段时间表与安排
	1997 年	《阿姆斯特丹条约》:强调申请需符合《稳定与增长公约》以及 ERM-Ⅱ 的要求

---

① 可看作以《欧元趋同标准》的再次强化。
② 当年,15 个欧盟成员国中的英国、丹麦虽已达标但未选择加入,瑞典未参与达标,希腊则未达标。

续表

EMU 第三阶段	1998 年	布鲁塞尔会议：首批 11 个联盟会员国公布，奥地利、比利时、法国、芬兰、德国、爱尔兰、意大利、卢森堡、葡萄牙、西班牙、荷兰
	1998 年	欧洲中央银行于法兰克福成立
	1999 年	欧元启动，开始过渡，成员国本国货币依然可以使用
	2001 年	希腊进入 EMU 第三阶段
	2002 年	欧元纸币与硬币于 1 月 1 日开始正式流通，7 月 1 日起成员国本国货币强制退出。欧元区正式运行。
	2007 年至今	斯洛维尼亚、塞浦路斯、马耳他、斯洛伐克、爱沙尼亚、拉脱维亚、立陶宛进入 EMU 第三阶段。

资料来源：根据欧盟官方网站资料收集整理。

注：这里欧洲经济与货币联盟三阶段指的不是《维尔纳计划》《德洛尔报告》或《马斯特里赫特条约》协议文本中的设定阶段，而是基于历史的实际进程而划分。

二、欧元区的进入标准、现状与趋势

（一）欧元区的进入标准

从欧洲经济与货币联盟以及欧元区的发展历程不难看出，在欧洲建立统一性的超主权货币联盟并非一蹴而就，而是经历了长期反复的渐进过程。一个稳定政治联盟的建立在其中扮演着极为重要的角色，至今依然是进入欧元区的必要条件。

申请进入欧元区的国家需满足下列标准：

（1）满足哥本哈根标准（1993），成为欧盟成员国[①]。

（2）满足欧元趋同标准（1992）。

（3）满足欧洲汇率机制-Ⅱ（ERM-Ⅱ）要求（1996）。

通常，在符合条件（1）与（2）的情况下，可以申请进入欧洲汇率机制-Ⅱ，两年过渡期作为本国货币与欧元的衔接安排，之后则可正式进入 EMU 的第三阶段，正式使用欧元。

[①] 1993 年欧盟在丹麦哥本哈根制定并通过的衡量申请国是否具备加入欧盟资格的标准与条件，称为哥本哈根标准（Copenhagen criteria）。

(二) 欧元区的现状与趋势

基于上述标准,欧盟官方所指的欧元区是以欧元作为官方唯一流通货币,且经欧洲中央银行认定达到相关标准签订协议的国家。截至 2020 年 12 月,欧元区共由 19 个国家组成:奥地利、比利时、塞浦路斯、爱沙尼亚、芬兰、法国、德国、希腊、爱尔兰、意大利、拉脱维亚、立陶宛、卢森堡、马耳他、荷兰、葡萄牙、斯洛伐克、斯洛维尼亚和西班牙。

同时根据欧盟协议,现今 27 个欧盟成员国中还有 10 国由于各种原因尚未进入欧元区,具体又分为以下几种情形:

(1) 丹麦经过国内反复讨论,目前已进入 ERM-Ⅱ 阶段,同处该阶段的还包括拉脱维亚和立陶宛。这三国很有可能在近期正式加入欧元区。

(2) 英国和瑞典没有确实是否选择进入 ERM-Ⅱ 阶段,故不属于欧元区。2020 年英国退出欧盟。

(3) 保加利亚、捷克、匈牙利、罗马尼亚、波兰虽为欧盟成员国,但由于尚未达到欧元趋同标准或是 ERM-Ⅱ 极端要求未进入欧元区。

但广义的欧元区还包括使用欧元并作为当地唯一货币的其他国家,这又包括了两种情形:一是得到欧洲中央银行许可签订协议可使用欧元并发行欧元硬币但依然被视为非欧元区的国家,例如摩纳哥、圣马力诺、梵蒂冈和安道尔(见图 4.1)。二是当地政府单方面自行使用欧元作为唯一流通货币但未与欧洲中央银行签订协议的部分国家,例如科索沃和黑山。

第二节 欧元区货币政策的制定主体:欧洲中央银行

在欧元使用以及欧洲中央银行运转以前,欧洲虽也存在类似跨国结算货币的形式——欧洲货币单位,以及形式上的中央银行联盟——欧洲货币管理局,但由于缺乏实质意义上超主权单一货币的使用,一体化的金融主体并未建立,统一的货币政策更无从谈起。1999 年欧元及欧洲中央银行正式运作,欧元区货币政策也随之而来。本节将以欧元区货币政策的制定主体——欧洲中央银行为核心,介绍其特有的体系框架、独立性特征、政策目标与调节手段。

第四章　欧元区货币政策的对象、制定主体、目标与调节方式 / 53

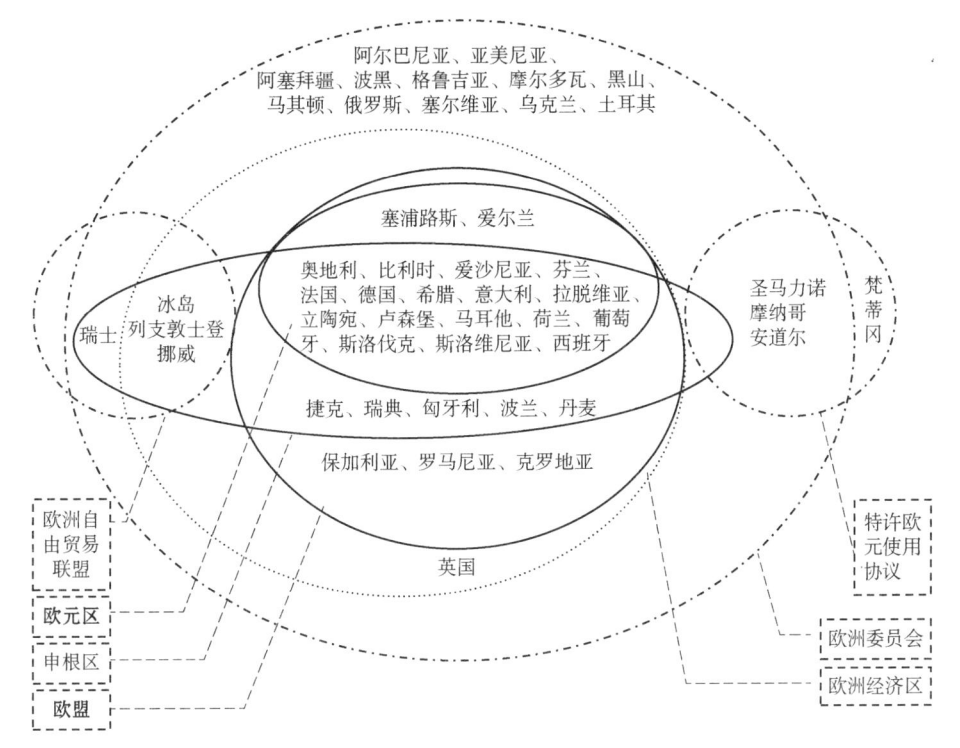

图 4.1　欧洲政治与经济联盟架构

资料来源：根据欧盟官方网站资料整理（更新至 2020 年 12 月）。

一、欧洲中央银行及其体系框架

由欧盟各国中央银行作为股东出资在 1998 年建立的欧洲中央银行不仅是欧盟的直接组成结构，还承担着稳定欧元区价格水平的首要目标。作为欧元区各国实质意义上的中央银行，欧洲中央银行除具有唯一的欧元纸币发行权还具有以下四点职能：(1)负责制定并实施欧元区货币政策，(2)负责管理外汇业务，(3)负责管理欧盟成员国中央银行的外汇储备，(4)负责推进欧洲便捷支付系统工程。

为更好地贯彻上述目标和五大职能的实施及促进欧盟非欧元国向欧元区的过渡，欧盟各国中央银行以欧洲中央银行的决策机构为运作实体构建了两个货币体系，分别称为欧元管理体系（Eurosystem）和欧洲中央银行体系（European System of Central Banks，ESCB）。欧元管理体系包括了欧洲中央银行以及欧元区 17 个国家中央银行；欧洲中央银行体系则在前者基础上增加了仍未进入欧元区的 10 个欧盟成员国，总体上包括了欧洲中央银行以及 27 个欧盟成员国的国家中央银行。该欧洲中央银行整合框架的运作实体是欧洲中央银行的决策机构：管理委员会（The Governing Council）、执行委员会（The Executive Board）。

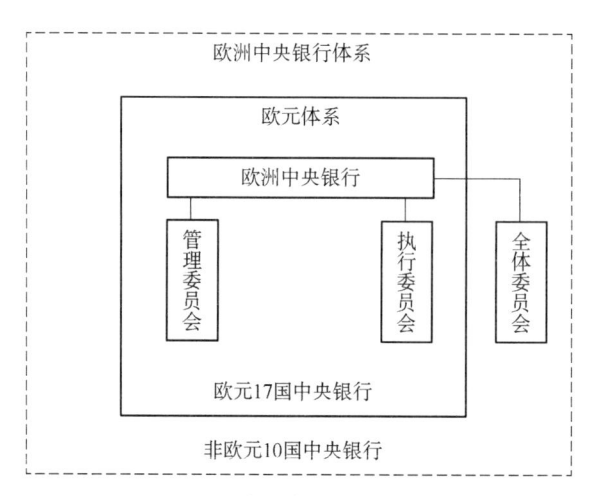

图 4.2　欧洲中央银行的结构

资料来源：根据欧盟官方网站资料整理。

其中，管理委员会由执行委员会及欧元区各国国家中央银行行长组成，主要负责：(1)通过指导方针及采取必要措施以保证所拟定任务的顺利执行，(2)制定欧元区货币政策，包括货币中介目标、基本利率以及基础货币供给，同时出台相应的指导方针辅助实施。执行委员会则由欧洲中央银行行长、副行长及其他四位在货币银行领域公认的专家组成。其承担的职能主要是负责上述管理委员会所制定货币政策的具体执行工作，包括给予欧元区各国国家中央银行具体指示以及其他管理委员会所赋予的权力。

全体委员会（The General Council）的设立则专门针对非欧元区的欧盟成员国的 10 个国家中央银行。由于依然保持着各自国家货币政策的独立性，这些国家的中央银行虽无法参与欧元管理体系内上述两个委员会有关欧元区货币政策的决策过程，但可以加入由欧洲中央银行行长、副行长及 27 个欧盟成员国国家中央银行行长组成的全体委员会。其主要职能是检测整个欧盟的物价水平、做好整体向欧元区过渡的准备工作等，具体包括研究咨询、统计数据收集、撰写欧洲中央银行年度报告、建立会计统一标准及国家中央银行报告规范、欧洲中央银行雇员聘用条件、与非欧元区汇率修复等。

二、欧洲中央银行的独立性特征

作为超主权的经济金融机构，欧洲中央银行的最大特征就在于其独立性，这是有效保证欧元区统一货币政策制定及有效实施的关键所在，具体而言又分为以下四个方面：

（一）法人主体独立性

欧洲中央银行独立性的首要体现于其独立的法人主体资格，享有成员国各国法律所给予的基本权利及义务，是独立运行的行为主体。同时，按照欧盟相关协议，欧洲中央银行在区域内享有与其职责所匹配的豁免权，并具有提起诉讼的资格。

（二）组织及人事独立性

在组织结构上，欧洲中央银行是欧盟的直接组成机构之一，与欧洲议会、欧盟理事会、欧盟委员会、欧洲理事会、欧洲法院、欧洲审计院并列，独立于任何成员国的政府，不接受欧盟其他机构的领导。

在人事任命上，欧洲中央银行具有严格的任命及罢免程序。例如规定执行委员会的委员不得连任，且任期不得低于八年。联盟内各国国家中央银行行长可以连任，任期不得低于五年。若出现不当行为或失职情况，由欧洲法院调查等。

（三）财务独立性

尽管欧洲中央银行的总资产是由欧盟各个成员国按照各自经济实力出资成为股东的形式筹集。但欧洲中央银行具有独立的可支配收入、预算决算体系，以及资金使用的支配权，不受各成员国政府影响，且规定欧元区各国中央银行不得向政府透支。

(四) 职能独立性

欧洲中央银行各项职能均基于自身目标及指导方针,不受制于其他欧盟行政机关、欧盟会员国政府,以及其他企业或机构的任何命令。例如在货币政策上,欧洲中央银行可以自主确定操作目标及调节工具的选择,以确保稳定物价目标的实现。

第三节 欧洲中央银行货币政策的目标及调节方式

一、欧洲中央银行货币政策的目标

欧洲中央银行的货币政策制定遵循稳定物价的首要目标,1998年管理委员会就明确欧元区整体每年的消费者价格调和指数(Harmonized Consumer Prices Index, HICP)增幅每年不得超过2%[①]。不同于以美国代表的西方国家普遍将物价水平、充分就业、经济增长与国际收支平衡统筹考虑的货币政策目标,欧洲中央银行的货币政策集中于控制物价水平,这一方针在2003年的管理委员会决议时又得到了强调。

值得一提的是,消费者价格调和指数并不等同于物价指数,或是价格平减指数,而是欧洲中央银行专门设定并用于监测欧元区内国家价格水平的参考指标。作为一个被赋予各欧元国权重的复合指标主要用于欧洲中央银行制定货币政策,同时也是欧元趋同标准有关物价的参照值。

在以消费者价格调和指数(HICP)为货币政策最终目标确定后,欧洲中央银行需要选择中介目标即调控对象进行落实。在欧元区成立之前,各国国家中央银行在中介目标的选择上各不相同。如德国中央银行偏重于货币供给量,西班牙等国家则主要以利率目标为对象进行调节。在欧元区建立后,鉴于成员国不同的经济发展水平,单一紧盯货币供给量的方式已无法满足客观情况。而且,越来越多的研究表明泰勒规则适用于欧元区当前的实际宏观经济运行状况。从目前看,欧洲中央银行货币政策选取的中介目标是以利率为主、货币供给量等为辅的方式。

[①] Hanspeter K. The European Central Bank-History, role and functions[M],2006:81.

二、欧洲中央银行货币政策的调节手段

与全球各中央银行货币政策的调节手段类似,欧洲中央银行也具有一套符合经济运行规律并结合自身特点的政策工具,主要包括了公开市场业务(Open Market Operation)、备用融资便利(Standing Facilities)及最低存款准备金(Minimum reserves)三种方式。

(一) 公开市场业务

欧洲中央银行的公开市场业务是指中央银行或欧元区国家中央银行通过在金融市场上直接买卖、借贷、回购及逆向回购包括欧元、贵金属、票据、债券、期权等资产的多种形式以达到对利率、货币供给量的有效调节,规避价格波动风险。欧洲中央银行的公开市场业务从操作规则上有标准招标(Standard Tenders)、快速招标(Quick Tenders)等;从操作方式上则包括了回购交易(Reserve Transactions)、直接交易(Outright Transactions)、吸收定期存款(Collection of Fixed-term Deposits)、外汇掉期交易(Froex Swaps)及债券发行(Issuance of Debt Certificates)[①]。其中,回购交易因其便利性被欧洲中央银行普遍采用。而针对货币市场的不同要求,公开市场业务根据调节的具体对象又可分为以下三类:

1. 再融资操作(Refinancing Operations)

再融资操作是指一种稳定货币市场流动性的回购交易。通常由货币政策的执行主体各成员国的国家中央银行负责具体的实施,主要采取标准招标的方式,是欧洲中央银行进行公开市场业务调节的主要工具。按照期限的不同,又分为主要再融资操作(Main Refinancing Operations)和长期再融资操作(Long-term Refinancing Operations)。前者的期限为2周,因其便利性故使用普遍;后者的期限相对较长,为3个月。

2. 微调操作(Fine-tuning Operations)

微调操作是一种旨在稳定市场利率,尤其在面对外部冲击给货币市场以及利率水平造成波动的情况下起到"熨平作用"。主要采取快速招标的方式,并没有固定的频率及期限限制。

[①] 欧洲共同体条约集[M].戴炳然译.上海:复旦大学出版社,1993:244.

3. 结构操作(Structural Operations)

结构操作主要针对需要调整欧洲中央银行与欧元区成员国国家中央银行的资金结构的情况,可以是定期或并不定期。操作方式上可以采取回购交易、债券发行以及直接交易,根本目的还是稳定物价。

(二) 备用融资便利

备用融资便利是指面向欧元区各授予资格商业银行,为其提供资金融通的一种制度安排,具体包括边际贷款便利(Marginal Lending Facility)和存款便利(Deposit Facility)两种形式。边际贷款便利是指在商业银行头寸不足的情况下可以向国家中央银行申请并获得隔夜贷款。一般情况下,该贷款的利率会高于市场平均水平,同时形成了隔夜市场利率的上限。存款便利则与之相反,是指合格商业银行在头寸充足时可以将其存储在所在国的国家中央银行,类似的这个利率通常低于市场平均水平,因此成为隔夜市场利率的下限。

由此,作为欧洲中央银行可以通过对备用融资便利利率的调节确定欧洲隔夜市场利率(Euro Over Night Index Average, EONIA)的边界,向货币市场传输明确的政策信号,进而间接达到对市场利率波动范围的控制,维护市场稳定。

(三) 最低存款准备金

最低存款准备金是指通过最低标准的方式限定欧元内商业银行的储备金比例,从功能角度上而言,一方面将直接通过货币乘数的放大或收缩能力影响商业银行的货币创造能力,进而对货币总量形成调节作用;另一方面最低存款储备金的调节无论基于实际的货币总量变动还是价格信号的传输作用,都将影响市场的利率水平,对欧元区整个货币市场以及资本市场而言都具有极大的影响。相对而言,对该工具的选择较为慎重,使用并不普遍。

除了上述三大工具手段外,欧洲中央银行还可以通过确定合格交易商标准、合格资产标准的方式进行补充性的调节。

总体而言,欧洲中央银行在货币政策的实际运用中会针对不同的问题采取灵活的方式应对,通常公开市场业务以及备用融资便利两种手段因其便利性与间接性,更加符合市场经济的规律,故使用相对较多。而最低存款储备金则适用于出现某些突发因素或是重大事件需要对市场进行强力纠正的情形。

第五章 货币政策冲击效应的理论基础
——金融加速器视角

在梳理明确研究对象及确定 DSGE 分析工具后,本章将从数理经济学的角度演绎货币政策冲击作用于宏观经济系统并最终引发扩散效应的全过程,所沿用的分析框架正是伯南克提出的金融加速器效应,以此作为本章的理论基础。

本章的理论基础以伯克南等(1994)的金融加速器理论为核心,从数理经济学角度演绎货币政策冲击效应的理论传导机制。该理论建立于价格黏性、信息不对称、委托-代理等新凯恩斯元素之上,基于信贷传导机制视角揭示微观层面企业净资产与外部融资溢价的反向关联效应,以及进一步作用于投资、产出等变量从而累计循环的宏观放大现象,具体包括核心机理与加速效应两方面。

具体而言,本章将首先介绍理论的整体分析框架,随后提出金融加速器效应的前提假设,进而聚焦企业主体在不确定消息情况下的最优选择并建立局部均衡模型以揭示金融加速器的核心机理,最后回归简单一般均衡系统,分析更广视角下企业在面临货币政策类冲击下净资产、外部融资溢价不断循环传导并扩大的机理。值得一提的是,本章并不是正式建构 DSGE 模型,故此处的一般均衡系统重在揭示金融加速器的运行机理,未考虑其他诸如零售商、政府等市场主体的行为[1]。

第一节 金融加速器效应的分析框架

有关货币政策冲击效应理论基础的问题研究核心在于厘清货币政策的传

---

[1] 更完整的一般均衡系统将在后文经验分析部分运用。

导机制并以此形成演绎逻辑的理论体系。理论界对该问题的研究虽不断扩展,从早期单一的利率渠道逐步发展到后来资产价格渠道,汇率渠道相综合,但受到莫迪利安尼-米勒(MM)定理的影响,在信息经济学出现前绝大部分文献均是基于宏观经济各系统的总量分析,对货币政策的传导过程描述得过于简化,很少将目光聚集于企业层面的微观行为本身,即企业自身的资产结构,总体而言缺乏理论的深度。

直至20世纪70年代以价格黏性等元素为表现的新凯恩斯主义出现,经济学家对货币政策冲击效应的思考不再满足于宏观总量间的回归检验或是数据生成过程,而是以原凯恩斯体系的诸多缺陷为突破口,重新审视宏观经济系统运行的各个微观环节,发掘其背后的微观经济学要义,并予以综合重新融入宏观经济学的框架。

其中以考察企业在不确定信贷市场中最优行为选择的金融加速器效应尤为引人注目。该理论不仅以微观层面企业资产负债表为视角详细推演出其局部均衡的实现过程,而且在宏观上以金融加速器效应为中间纽带将货币政策冲击为代表的外生冲击与宏观经济波动联系起来,体现出极强的现实解释力。

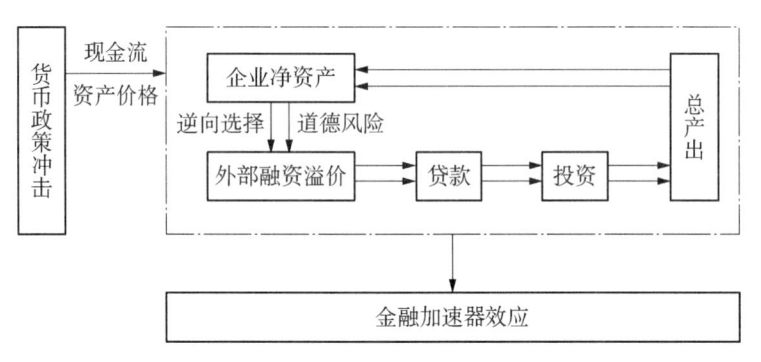

图 5.1　金融加速器效应传导机制

金融加速器效应,又称资产负债表渠道理论,最早由伯南克等人在1994年提出,是建立于价格黏性、信息不对称、委托-代理等新凯恩斯元素基础上,运用数理经济学的研究工具详细考察了企业微观决策行为以及所产生宏观效应。具体而言,金融加速器效应的发生分为两个环节。

第五章　货币政策冲击效应的理论基础——金融加速器视角

一、核心机理：微观视角企业净资产与外部融资溢价的反向关系

如本书第三章货币政策冲击传导机制中资产负债表渠道部分内容所述，货币政策冲击首先将通过资产价格或是现金流引起企业净资产的增减[①]。相对于 MM 定理，伯南克认为在信息不对称的情况下，无论是事前银行的逆向选择，以及事后的企业道德风险行为都时有发生，为保证信贷市场资金的有序融通需要付出额外的机会成本，而企业净资产变动恰恰会引起这类成本的增减，体现为外部融资溢价（利用借贷类外部融资[②]所产生成本与内部融资成本的差额）的变化。伯南克进一步指出企业净资产与外部融资溢价间的关系是反向变化的，这正是整个金融加速器效应的核心机理。

二、加速效应：宏观层面企业总体最优选择引发的循环放大效应

在加速阶段，伯南克认为企业外部融资溢价的变化本质上是企业融资成本的反应，会直接对企业总体的贷款量产生影响，从而作用于投资，进一步传导至宏观经济，造成总产出的增减。然而，始于货币政策冲击的影响至此并没有终结，总产出的变化意味着社会整体经济状况的调整，会反过来作用于企业总体，体现为企业净资产的同向变化，从而进入新一轮循环，并逐步放大。这一环节恰恰是金融加速器效应形成"加速"经济波动的体现。

第二节　金融加速器效应的基本假定

本书以下内容将沿用伯南克 BGG 框架（1998）中的金融加速器效应模型，从数理经济学角度演绎货币政策冲击的产出效应，并以此作为本书的理论基

[①] 该环节具体内容详见第三章货币政策冲击传导机制中资产负债表渠道部分内容介绍。
[②] 这里的外部融资主要是指银行贷款，未涉及债券、股票等方式，内部融资则是留存收益转投资的方式。

础。此外，建模过程将遵循前后统一的框架，因此本章以企业家及银行为主体进行描述的信贷市场均衡也可视作后文 DSGE 基本模型的重要组成部件，共同构成整体。

针对金融加速器效应所面临的宏观经济系统及微观层面各市场主体，生产商、银行、家庭、零售商、政府的特征，作如下假设条件：

一、价格黏性、垄断竞争假定内嵌 DNK 基本框架

金融加速器效应建立在 DNK(Dynamic New Keynesian)新凯恩斯动态模型的基础上并引入了价格黏性、垄断竞争等元素共同构成了模型主体宏观经济系统的背景。

二、生产商行为假定

生产商是金融加速器模型中的主要研究对象，假定其符合如下几点设定：

（1）生产商所处的批发市场是完全竞争的市场结构，如此假定使下文推导出的生产商对资本需求与净资产的线性关系成为可能。

（2）生产商在完全竞争市场中不会永久存续，通常假定生产商整体继续生存到下一期的可能性为 $1-\Theta$，即表明其平均寿命为 $\frac{1}{1-\Theta}$。

（3）生产商融资渠道通常有两种方式：内部融资（即净资产体现）和外部融资（银行借贷）。其中生产商的净资产主要受前期资本投入以及工人所创造财富两种渠道的影响。同时假定单个生产商雇佣劳动力的行为对整个劳动力市场而言是刚性的，也就是对其并不产生实质的影响。值得注意的是，净资产对于企业的影响并不仅仅是通过内部融资方式，本章的核心就是揭示净资产与外部融资溢价的关系。

根据上段描述市场上设某生产商 M 在 Q 期的融资将用于 $Q+1$ 期，融资总额包括了内部融资 Q 期末的净资产 NW^M_{Q+1} 以及来自银行的外部融资 D^M_{Q+1}，两者之和也可表示为当期资本的单位价格 Z_Q 与融资总量 K^M_{Q+1} 的乘积形式，即

$$NW^M_{Q+1} = Z_Q \cdot K^M_{Q+1} - D^M_{Q+1} \tag{5.1}$$

(4) 风险中性原则及测度

生产商遵循风险中性原则,包括系统风险及个体两方面。这里假定生产商 M 面临的个体风险因子为 φ^M, $\varphi^M \geqslant 0$,服从独立同分布性质,其分布函数为 $F(\varphi)$,连续且可微,密度函数为 $f(\varphi)$,$E(\varphi^M)=1$。又设市场平均的资本回报率为 R^K_{Q+1},故企业 M 在 Q 期实际的资本回报率为 $\varphi^M \cdot R^K_{Q+1}$。

继续假定 $\omega(\varphi)$ 为相应的风险率,则

$$\omega(\varphi) = dF(\varphi)/1 - F(\varphi) \tag{5.2}$$

且施加约束:

$$\frac{\partial [\varphi \omega(\varphi)]}{\partial \varphi} > 0 \tag{5.3}$$

这样的设定将有益于下一节对金融加速器效应核心机理的推导。

三、银行行为假定

(一) 当期协议

为易于推导模型,假设作为资金融通中介的银行在提供贷款时与借款方只签订当期的协议,类似 Carlstrom and Fuerst(1996)的设定。

(二) 不存在信贷配给

本研究假定信贷市场并不存在信贷配给的情况,也就是说银行贷款收益期望的最大值不会小于市场无风险收益,否则银行将出现亏损。这种极端情况并不在本研究的范围内。

(三) 审计成本

为充分揭示不同的金融结构对市场所产生的影响,金融加速器理论假定在银行放贷的过程中存在"审计成本"。该命题最先由 Townsend 于 1979 年提出,他认为现实经济由于信息不对称在信贷环节存在成本验证问题(Costly State Verification, CSV),作为贷方的银行需要为获得借款方的真实情况耗费审计成本,这正是造成外部融资成本高于内部融资成本的原因。

参照 CSV 的分析方式,本研究假定银行为掌握借款生产商的真实资本回报率等情况,需要付出审计成本(不仅仅是指财务上的审计,泛指为之付出的

机会成本)。其数额与生产商所筹资本的回报成正比。假定该比率为 τ，则审计成本的数额为 $\tau \cdot \varphi^M \cdot R_{Q+1}^K \cdot Z_Q \cdot K_{Q+1}^M$，$0 < \tau < 1$。

四、零售商行为假定

为保证价格黏性前提成立及模型需要，将市场企业主体在生产商的基础上分化为专业的零售商。作为将产品销往家庭的零售商处于带有垄断竞争性质的终端销售市场，扮演着流通产品的角色，如此设定使价格黏性前提得以成立。

五、家庭行为假定

家庭作为现实经济的重要组成部分，在经济模型中的作用不可或缺。金融加速器效应模型假定市场中的家庭会永久存续，不断循环着工作、储蓄以及消费的过程，拥有货币以及生息资产并保持收支平衡。

第三节 核心机理：企业净资产与外部融资溢价的反向关系

基于上述基本假定，本节开始聚焦生产商在信贷市场中最优选择，以通过局部均衡视角来揭示金融加速器效应的核心机理。研究的起点始于对资本提供方银行在信贷市场上最优选择形成的约束条件，进而以此为前提讨论对生产商所筹资总额与其自身资本结构，最后推导出企业净资产与外部融资溢价的关系。具体包括银行局部均衡的约束条件、生产商净资产与最优筹资总量的决定、金融加速器效应核心机理的揭示三部分。

一、银行局部均衡的约束条件

考虑在不存在系统风险，且个体风险 φ^M 未知的情形下，假定生产商 M 所面临的市场平均资本回报率为 R_{Q+1}^K，所需要筹集的资本总额为 $Z_Q \cdot K_{Q+1}^M$，贷款数额为 D_{Q+1}^M，未违约条件下的贷款利率为 U_{Q+1}^M，临界风险因子为 ϕ^M。这

里的临界风险因子 ϕ^M 是指生产商所可以承担风险的极限值,具体可表示为:

$$\phi^M \cdot R_{Q+1}^K \cdot Z_Q \cdot K_{Q+1}^M = U_{Q+1}^M \cdot D_{Q+1}^M \tag{5.4}$$

该式表明当生产商 M 面临的个体风险 $\varphi^M \geqslant \phi^M$ 时,厂商除了归还贷款利息 $U_{Q+1}^M \cdot D_{Q+1}^M$ 给银行后还有自己结余 $\varphi^M \cdot R_{Q+1}^K \cdot Z_Q \cdot K_{Q+1}^M - U_{Q+1}^M \cdot D_{Q+1}^M$。但当 $\varphi^M < \phi^M$ 时,则生产商由于资本回报不佳将无法归还原先规定的利息,存在违约行为。此时对于银行而言则不仅无法收回合约中规定的利息额,还由于审计成本的存在,仅可得到 $(1-\tau)\varphi^M \cdot R_{Q+1}^K \cdot Z_Q \cdot K_{Q+1}^M$。将上述关系整理可得银行的实际贷款收益:

$$Y^B = \begin{cases} U_{Q+1}^M D_{Q+1}^M & (\varphi^M \geqslant \phi^M) \\ (1-\tau)\varphi^M \cdot R_{Q+1}^K \cdot Z_Q \cdot K_{Q+1}^M & (\varphi^M < \phi^M) \end{cases} \tag{5.5}$$

对于受生产商违约而造成的贷款利息减少,银行通常情况下固然会选择接受,但同样具有最低限度。假定市场本身的无风险利率为 R_{Q+1},银行遵循期望收益等于机会成本原则(净利润为零的设定),有以下均衡等式,其中 $F(\phi^M)$ 指生产商的违约概率:

$$E(Y^B) = R_{Q+1} \cdot D_{Q+1}^M \tag{5.6}$$

将其化简:

$$P(\varphi^M \geqslant \phi^M) \cdot U_{Q+1}^M D_{Q+1}^M + P(\varphi^M \geqslant \phi^M) \cdot (1-\tau)\varphi^M \cdot R_{Q+1}^K \cdot$$
$$Z_Q \cdot K_{Q+1}^M = R_{Q+1} \cdot D_{Q+1}^M [1 - F(\phi^M)] U_{Q+1}^M D_{Q+1}^M + (1-\tau)$$
$$\int_0^{\phi^M} \varphi^M \cdot R_{Q+1}^K \cdot Z_Q \cdot K_{Q+1}^M dF(\varphi^M) = R_{Q+1} \cdot D_{Q+1}^M \tag{5.7}$$

将式 5.1、式 5.4 代入以上等式,可得:

$$\{[1 - F(\phi^M)]\phi^M + (1-\tau)\int_0^{\phi^M} \varphi^M dF(\varphi^M)\} \cdot R_{Q+1}^K \cdot$$
$$Z_Q \cdot K_{Q+1}^M = R_{Q+1}(Z_Q \cdot K_{Q+1}^M - NW_{Q+1}^M) \tag{5.8}$$

式 5.8 消去了未违约条件下的贷款利率为 U_{Q+1}^M,从而将银行的均衡条件化简为临界风险因子 ϕ^M 的等式。观察等式左边,即银行的期望贷款收益是 ϕ^M 的函数。正如左式的构成,ϕ^M 上升会给银行的期望贷款收益带来两方面影响:一方面增加了未违约条件下银行的贷款利息收入 $[1-F(\phi^M)]\phi^M \cdot R_{Q+1}^K \cdot Z_Q \cdot K_{Q+1}^M$。另一方面,$\phi^M$ 的增加意味着违约概率的上升,进而会减少整体的贷款利息额。

对于该问题的处理需对式 5.8 的左式进一步转化：

$$\{[P(\varphi^M \geq \phi^M) \cdot \phi^M + P(\varphi^M \geq \phi^M) \cdot \varphi^M] - [P(\varphi^M \geq \phi^M)\varphi^M \cdot \tau]\} R_{Q+1}^K \cdot Z_Q \cdot K_{Q+1}^M \tag{5.9}$$

该式表明在机会成本约束条件下 ϕ^M 值的变动将决定生产商的融资总额 $R_{Q+1}^K \cdot Z_Q \cdot K_{Q+1}^M$ 在银行与生产商之间的各自分配比重。将左边中括号内式子继续转化,设 $p(\phi^M)$ 为银行获得期望贷款收益所占总收益比重,可得：

$$p(\phi^M) = \phi^M \int_{\phi^M}^{\infty} \varphi^M + \int_0^{\phi^M} \varphi^M f(\varphi^M) d\varphi^M \tag{5.10}$$

对上式求导：

$$p'(\phi^M) = 1 - F(\phi^M) \tag{5.11}$$

由于 $F(\phi^M) \in [0, 1]$

所以 $$p'(\phi^M) > 0 \tag{5.12}$$

继续求导：

$$p''(\phi^M) = -f(\phi^M) \tag{5.13}$$

由于 $f(\phi^M) \in [0, \infty]$

所以 $$p''(\phi^M) < 0 \tag{5.14}$$

基于式 5.12 及式 5.14,可知 $p(\phi^M)$ 的一阶导数为正,二阶导数为负,结合 $p(\phi^M)$ 本身特性可知其为增函数,且为凸函数。联系本研究,经济学含义为随着临界风险因子 ϕ^M 的增加,银行可获得的期望贷款总收益比重不断上升。

$$p(\phi^M) \in (0, 1)$$

但银行的可获得的期望贷款收益除了总收益外,还需扣除审计成本 $\tau\varphi^M \cdot R_{Q+1}^K \cdot Z_Q \cdot K_{Q+1}^M$。设 $\tau\eth(\phi^M)$ 为银行的审计成本所占比重,可得：

$$\tau\eth(\phi^M) = \tau \int_0^{\phi^M} \varphi^M f(\varphi^M) d\varphi^M \tag{5.15}$$

且 $\tau\eth'(\phi^M) = \tau\phi^M f(\varphi^M) > 0$,故 $\tau\eth(\phi^M)$ 为同样为增函数。

由式 5.10 及式 5.15,可得：

银行可获得的期望贷款收益比重为 $p(\phi^M) - \tau\eth(\phi^M)$

重点分析 $p(\phi^M)-\tau \mathcal{E}(\phi^M)$ 的函数特征：

由上文推导可知，$p(\phi^M)-\tau \mathcal{E}(\phi^M)>0, \phi^M \in (0,\infty)$

进一步其求极限：

$$\lim_{\phi^M \to 0} p(\phi^M)-\tau \mathcal{E}(\phi^M) = 0 \tag{5.16}$$

$$\lim_{\phi^M \to \infty} p(\phi^M)-\tau \mathcal{E}(\phi^M) = 1-\tau \tag{5.17}$$

结合式 5.2 及式 5.3 的设定，$\omega(\varphi)=dF(\varphi)/1-F(\varphi)$，$\frac{\partial[\varphi\omega(\varphi)]}{\partial\varphi}>0$，对银行可获得的期望贷款收益比重 $p(\phi^M)-\tau \mathcal{E}(\phi^M)$ 求一阶导数，得到其边际函数并化简为：

$$p'(\phi^M)-\tau \mathcal{E}'(\phi^M) = [1-F(\phi^M)][1-\tau\phi^M\omega(\phi^M)] \tag{5.18}$$

讨论该式：

$$\lim_{\phi^M \to 0} p'(\phi^M)-\tau \mathcal{E}'(\phi^M) > 0 \tag{5.19}$$

$$\lim_{\phi^M \to \infty} p'(\phi^M)-\tau \mathcal{E}'(\phi^M) < 0 \tag{5.20}$$

由此可判断必存在一个 ϕ^{M*} 点，使 $p'(\phi^M)-\tau \mathcal{E}'(\phi^M)=0$ (5.21)

继续对 $p(\phi^M)-\tau \mathcal{E}(\phi^M)$ 求二阶导数并化简：

$$[p'(\phi^M)-\tau \mathcal{E}'(\phi^M)]' = p'(\phi^M)\mathcal{E}''(\phi^M) - p''(\phi^M)\mathcal{E}'(\phi^M) = -\frac{d[\phi^M\omega(\phi^M)]}{d\phi^M}[1-F(\phi^M)]^2 < 0 \tag{5.22}$$

综合式 5.21 及式 5.22，可知银行可获得的期望贷款收益比重先增后减，且在 ϕ^M 为 ϕ^{M*} 处取得最大值。这一推导也保证了不存在信贷供给的情形。为方便起见，本研究假定 ϕ^M 始终低于 ϕ^{M*}，换而言之，银行的期望贷款收益始终随 ϕ^M 而增加。

同样可以证明，在存在系统风险的情况下，上述结论依然是成立的。

二、生产商净资产与最优筹资总量的决定

由上文可知，在银行局部最优均衡条件下，个体风险因子 φ^M 及未违约条件下的贷款利率为 U^M_{Q+1} 与市场平均资本回报率为 R^K_{Q+1}，所需要筹集的资本

总额 $Z_Q \cdot K_{Q+1}^M$，贷款数额 D_{Q+1}^M 等变量密切相关。下文将以此文基础，重点分析生产商所筹集资本的决定因素。

根据式 5.4 的约束条件，可进一步推导出生产商筹资的期望收益：

$$Y^E = \begin{cases} (\varphi^M - \phi^M) \cdot R_{Q+1}^K \cdot Z_Q \cdot K_{Q+1}^M & (\varphi^M \geqslant \phi^M) \\ 0 & (\varphi^M < \phi^M) \end{cases} \quad (5.23)$$

该式表明当生产商 M 面临的个体风险 $\varphi^M \geqslant \phi^M$ 时，则厂商的净收益为 $(\varphi^M - \phi^M) \cdot R_{Q+1}^K \cdot Z_Q \cdot K_{Q+1}^M$。但当 $\varphi^M < \phi^M$ 时，则生产商的收益则为零。

将式 5.23 写成期望的形式，则可得：

$$\begin{aligned} E(Y^E) &= \int_0^{\phi^M} Y^E dF(\varphi^M) + \int_{\phi^M}^{\infty} Y^E dF(\varphi^M) \\ &= 0 + \int_{\phi^M}^{\infty} Y^E dF(\varphi^M) \\ &= \int_{\phi^M}^{\infty} (\varphi^M - \phi^M) dF(\varphi^M) \cdot R_{Q+1}^K \cdot Z_Q \cdot K_{Q+1}^M \\ &= \left\{ \int_{\phi^M}^{\infty} \varphi^M \cdot R_{Q+1}^K \cdot Z_Q \cdot K_{Q+1}^M dF(\varphi^M) - [1 - F(\phi^M)] \phi^M R_{Q+1}^K \cdot Z_Q \cdot K_{Q+1}^M \right\} \end{aligned}$$

$$(5.24)$$

式 5.24 就是生产商筹资的期望收益，将银行的局部均衡最优均衡等式 5.8 代入，则可将式 5.24 转化为：

$$E(Y^E) = E\left\{ [1 - \tau \int_0^{\phi^M} \varphi^M dF(\varphi^M)] R_{Q+1}^K \right\}$$
$$Z_Q \cdot K_{Q+1}^M - R_{Q+1}(Z_Q \cdot K_{Q+1}^M - NW_{Q+1}^M) \quad (5.25)$$

由此可见，生产商的期望收益 Y^E 与临界风险因子 ϕ^M 均为市场平均资本回报率 R_{Q+1}^K 的函数式。

设 $\flat_{Q+1}^{RK} = \dfrac{R_{Q+1}^K}{E(R_{Q+1}^K)}$，指实际资本回报与期望资本回报的比值，则式 5.25 可写为：

$$E(Y^E) = E\left\{ [1 - \tau \int_0^{\phi^M} \varphi^M dF(\varphi^M)] \flat_{Q+1}^{RK} \right\} E(R_{Q+1}^K)$$
$$Z_Q \cdot K_{Q+1}^M - R_{Q+1}(Z_Q \cdot K_{Q+1}^M - NW_{Q+1}^M) \quad (5.26)$$

第五章　货币政策冲击效应的理论基础——金融加速器视角　/　69

综合上文分析,式 5.26 描述了生产商在面临银行局部均衡等式约束时的期望收益选择。由于银行遵循风险厌恶的设定,由企业违约所承担的成本也包含在该式中。若将该式最大化,则可解得两个关键变量所需冲击资本数量 K_{Q+1}^M 和临界风险因子 ϕ^M(由市场平均资本回报率 R_{Q+1}^K 的函数式表达)的关系,从而确定其他包括单位资本价格 Z_Q,净资产 NW_{Q+1}^M 等变量的最优值。

由上文可知 $1-\mathrm{p}(\phi^M)$ 为生产商筹资的期望收益比重,故其期望贷款收益又可写做 $[1-\mathrm{p}(\phi^M)]R_{Q+1}^K \cdot Z_Q \cdot K_{Q+1}^M$,故最大化式 5.26 又可转化为以下形式进行详细讨论:

$$\begin{cases} \max[1-\mathrm{p}(\phi^M)]R_{Q+1}^K \cdot Z_Q \cdot K_{Q+1}^M \\ [\mathrm{p}(\phi^M)-\tau\mathrm{g}(\phi^M)]R_{Q+1}^K \cdot Z_Q \cdot K_{Q+1}^M = R_{Q+1}(Z_Q \cdot K_{Q+1}^M - NW_{Q+1}^M) \end{cases} \quad (5.27)$$

此处先设外源融资溢价 $ep_Q = R_{Q+1}^K/R_{Q+1}$,财务杠杆 $l_Q = Z_Q \cdot K_{Q+1}^M/NW_{Q+1}^M$,$\lambda$ 为拉格朗日乘数,则式 5.27 的一阶化条件为:

$$\phi^M: \quad \mathrm{p}'(\phi^M) - \lambda[\mathrm{p}'(\phi^M) - \tau\mathrm{g}'(\phi^M)] = 0 \quad (5.28)$$

$$l_Q: \quad \{1-\mathrm{p}(\phi^M) + \lambda[\mathrm{p}(\phi^M) - \tau\mathrm{g}(\phi^M)]\}ep_Q - \lambda = 0 \quad (5.29)$$

$$\lambda: \quad [\mathrm{p}(\phi^M) - \tau\mathrm{g}(\phi^M)]ep_Q l_Q - l_Q - 1 = 0 \quad (5.30)$$

由式 5.28,可得拉格朗日乘数 λ 为 ϕ^M 的函数,故:

$$\lambda(\phi^M) = \frac{\mathrm{p}'(\phi^M)}{\mathrm{p}'(\phi^M) - \tau\mathrm{g}'(\phi^M)} = \frac{1-F(\phi^M)}{1-F(\phi^M) - \tau\phi^M f(\phi^M)} \quad (5.31)$$

对其求导:

$$\lambda'(\phi^M) = \frac{\tau[\mathrm{p}'(\phi^M)\mathrm{g}''(\phi^M) - \mathrm{p}''(\phi^M)\mathrm{g}'(\phi^M)]}{[\mathrm{p}'(\phi^M)\mathrm{g}'(\phi^M)]^2} \quad (5.32)$$

上文已证明银行可获得的期望贷款收益比重 $\mathrm{p}(\phi^M)-\tau\mathrm{g}(\phi^M)$ 先增后减,在 $\phi^M = \phi^{M*}$ 处取得最大值,故作为银行而言不会选择在 $\phi^M > \phi^{M*}$ 的阶段放贷。当 $\phi^M \in (0, \phi^{M*})$ 时,可知 $\lambda'(\phi^M)$ 恒大于零。继续对其取极限:

$$\begin{aligned} \lim_{\phi^M \to 0} \lambda(\phi^M) &= 1 \\ \lim_{\phi^M \to \phi^M} \lambda(\phi^M) &= +\infty \end{aligned} \quad (5.33)$$

由上文推导表明随临界风险因子 ϕ^M 的增加,拉格朗日乘数函数 $\lambda(\phi^M)$ 也随之增加，区间为$(1, +\infty)$。

由式 5.29，可得：

$$ep_Q = Ч(\phi^M) = \frac{\lambda(\phi^M)}{1 - þ(\phi^M) + \lambda[þ(\phi^M) - \tau ᵹ(\phi^M)]} \quad (5.34)$$

对该式求导：

$$Ч'(\phi^M) = Ч(\phi^M) \frac{\lambda'(\phi^M)}{\lambda(\phi^M)} \frac{1 - þ(\phi^M)}{1 - þ(\phi^M) + \lambda[þ(\phi^M) - \tau ᵹ(\phi^M)]} \quad (5.35)$$

同样基于上文假定，当 $\phi^M \in (0, \phi^{M*})$ 时，$Ч'(\phi^M)$ 大于零，表明 $Ч(\phi^M)$ 在相应区间是增函数。对其求极限：

$$\lim_{\phi^M \to 0} Ч(\phi^M) = 1 \quad (5.36)$$

$$\lim_{\phi^M \to \phi^{M*}} Ч(\phi^M) = \frac{1}{þ(\phi^{M*}) - \tau ᵹ(\phi^{M*})} \quad (5.37)$$

上文推导表明随着临界风险因子 ϕ^M 的增加，生产商的外部融资溢价 $ep_Q = Ч(\phi^M)$ 也呈现上升趋势。

由式 5.30，可得：

$$l_Q = Ǫ(\phi^M) = 1 + \frac{\lambda[þ(\phi^M) - \tau ᵹ(\phi^M)]}{1 - þ(\phi^M)} \quad (5.38)$$

对该式求导：

$$Ǫ'(\phi^M) = [Ǫ(\phi^M) - 1] \frac{\lambda'(\phi^M)}{\lambda(\phi^M)} + \frac{þ'(\phi^M)}{1 - þ(\phi^M)} Ǫ(\phi^M) \quad (5.39)$$

类似地，根据上文假定，当 $\phi^M \in (0, \phi^{M*})$ 时，$Ǫ'(\phi^M)$ 大于零，表明 $Ǫ(\phi^M)$ 在相应区间是增函数。对其求极限：

$$\lim_{\phi^M \to 0} Ǫ(\phi^M) = 1 \quad (5.40)$$

$$\lim_{\phi^M \to \phi^{M*}} Ǫ(\phi^M) = +\infty \quad (5.41)$$

由上文推导表明随着临界风险因子 ϕ^M 的增加，生产商的财务杠杆 $l_Q = Ǫ(\phi^M)$ 也呈现上升趋势。

至此，临界风险因子 ϕ^M，生产商的外部融资溢价 $ep_Q = Ч(\phi^M)$ 以及财务

杠杆 $l_Q=\varrho(\phi^M)$ 在 $\phi^M\in(0,\phi^{M*})$ 区间内的联动关系已呈现。当生产商面临风险增加时,企业的财务杠杆与外部融资溢价都会呈现出上升的趋势。

将上述关系整理可得 l_Q 财务杠杆为外部融资溢价 ep_Q 的增函数,可得:

$$l_Q=\varrho(ep_Q),且\varrho'(ep_Q)>0, ep\in\left(1,\frac{1}{p(\phi^{M*})-\tau\mathcal{G}(\phi^{M*})}\right) \quad (5.42)$$

由上文所述,由于 ϕ^{M*} 是一个可取到的定值,故 $\frac{1}{p(\phi^{M*})-\tau\mathcal{G}(\phi^{M*})}$ 也是如此,并非无限发散。

将式 5.42 继续整理:

$$Z_Q\cdot K_{Q+1}^M=\varrho(R_{Q+1}^K/R_{Q+1})\cdot NW_{Q+1}^M,且\varrho'(R_{Q+1}^K/R_{Q+1})>0 \quad (5.43)$$

式 5.43 可视为生产商所筹资本总额的决定等式,详细描述了在本研究设定的局部均衡约束条件下,生产商所需要筹集的资本总额 $Z_Q\cdot K_{Q+1}^M$ 与其财务状况的关系。其中,生产商的财务状况用外部融资溢价 R_{Q+1}^K/R_{Q+1} 以及净资产 NW_{Q+1}^M 来共同表示。由于 R_{Q+1}^K/R_{Q+1} 也是 ϕ^M 的函数,所以当所筹资本数量 K_{Q+1}^M 确定后,那么依据该等式及设定的约束条件,ϕ^M 的值也将确定。换而言之,式 5.43 实际将以企业最优选择为核心的各个变量间的一一对应关系均予以展现。

从现实经济含义上分析,式 5.43 表明生产商所筹集的资本总额是随着企业净资产的上升而增加,这个幅度则由与市场平均资本回报率为 R_{Q+1}^K 及市场的无风险利率为 R_{Q+1} 之间的比例,即外部融资溢价 R_{Q+1}^K/R_{Q+1} 成正比。假定其他条件不变,随着外部融资溢价 R_{Q+1}^K/R_{Q+1} 上升,生产商的违约概率将下降。受此影响,一方面银行对于贷款趋于放松,另一方面生产商则在平均资本汇报相对增长的情况下更倾向于增加借贷并扩大企业规模。当然生产商的借款并非没有限度,在企业借贷规模不断上升并大幅超过净资产增长速度时,生产商的违约成本也将增加,在约束条件下最终还是转移给生产商自身。总体而言,生产商所筹集资本总额受到外部融资溢价以及企业净资产的综合影响,并非单纯某一因素可以完全决定。

三、金融加速器效应核心机理的揭示

由于 $\varrho'(R_{Q+1}^K/R_{Q+1})>0$,故 $Z_Q\cdot K_{Q+1}^M=\varrho(R_{Q+1}^K/R_{Q+1})\cdot NW_{Q+1}^M$ 为增函

数,进一步可将其(式 5.43)转化为反函数形式：

$$R_{Q+1}^{K} = ep\left(\frac{NW_{Q+1}^{M}}{Z_Q \cdot K_{Q+1}^{M}}\right) \cdot R_{Q+1}, \; ep'\left(\frac{NW_{Q+1}^{M}}{Z_Q \cdot K_{Q+1}^{M}}\right) < 0 \quad (5.44)$$

也可改写为：

$$\frac{R_{Q+1}^{K}}{R_{Q+1}} = ep\left(\frac{NW_{Q+1}^{M}}{Z_Q \cdot K_{Q+1}^{M}}\right), \; ep'\left(\frac{NW_{Q+1}^{M}}{Z_Q \cdot K_{Q+1}^{M}}\right) < 0 \quad (5.45)$$

式 5.45 可视为银行所愿意提供资本的供给决定等式,详细描述了在本研究设定的局部均衡约束条件下,外部融资溢价与企业净资产的关系。由市场平均资本回报率为 R_{Q+1}^{K} 及市场的无风险利率为 R_{Q+1} 比值所表示的外部融资溢价,实则是生产商外部与内部两种融资方式成本差异的反应,对银行而言则是决定提供贷款数额的重要参照。由于 $ep\left(\frac{NW_{Q+1}^{M}}{Z_Q \cdot K_{Q+1}^{M}}\right)$ 是减函数,意味着在其他条件不变的情况下随着生产商净资产 NW_{Q+1}^{M} 的增加,外部融资溢价 R_{Q+1}^{K}/R_{Q+1} 将趋于下降,也就意味着外部融资成本的相对降低。综上所述,式 5.45 描述了生产商外部融资溢价与企业净资产之间的负向联动关系,这正是本研究金融加速器效应的核心机理。

第四节 加速效应:宏观层面形成的循环及放大作用

本节将在上文揭示金融加速器效应核心机理:企业净资产与外部融资溢价反向关系的基础上,将视角由单个企业的局部均衡衍生到企业总体的一般均衡重点,关注宏观经济在加速器影响下形成波动并不断循环及放大效应的内在机制。在具体做法中,上文中的市场平均资本回报率 R_{Q+1}^{K}、市场的无风险利率 R_{Q+1} 以及当期资本的单位价格 Z_Q 等,将作为内生变量嵌入一般均衡系统进行分析。通过求解生产商总体的资本供给曲线、资本需求函数以及核心变量净资产的决定函数以揭示加速效应的核心。

一、市场总体资本供给曲线的决定

由于前文假定生产商所面临的市场机构是完全竞争,故这里采取将个体

第五章 货币政策冲击效应的理论基础——金融加速器视角 / 73

生产商的各变量加总的方式可得到有关总体生产商外部融资溢价水平、社会总体筹资总额与净资产总和的关系式。

技术处理上将遵循本章第二节的基本假定条件,并设市场上生产商总体也趋近于前文个体生厂商 M 的行为,在 Q 期的融资将用于 $Q+1$ 期,Q 期总体的融资总量为 K_{Q+1},资本的单位价格 Z_Q,净资产总和为 NW_{Q+1}。

将式 5.45 描述的企业 M 的个体行为加总,可得如下等式:

$$E(R_{Q+1}^K) = ep\left(\frac{NW_{Q+1}}{Z_Q \cdot K_{Q+1}}\right) R_{Q+1}, \ ep'\left(\frac{NW_{Q+1}}{Z_Q \cdot K_{Q+1}}\right) < 0 \quad (5.46)$$

该式描述了市场生产商总体外部融资溢价与财务结构的关系,由于 $ep\left(\frac{NW_{Q+1}}{Z_Q \cdot K_{Q+1}}\right)$ 是减函数,故单个企业层面外部融资溢价与净资产的反向关系在总量指标上也得到了佐证。

换个角度,式 5.46 同样表明,当市场平均资本回报率为 R_{Q+1}^K 增加时,市场上生产商融资总额也会随之上升,这恰恰反映了市场上资本的供给,因此该式正是社会总体资本的供给曲线方程。

二、市场总体资本需求曲线的决定

再将视角转至社会总体资本的需求面,基于上文的假设条件并设定生产商的生产行为符合规模报酬不变的柯布道格拉斯生产函数性质,故可得:

$$Y_Q^{EP} = A_Q K_Q^{\alpha} L_Q^{1-\alpha} \quad (5.47)$$

其中的 α 为资本的生产弹性。

该式描述了市场上生产商总体的生产行为,在 Q 期投入前一期 $Q-1$ 筹集的资本 K_Q^{α},以及所雇佣的劳动力数量 $L_Q^{1-\alpha}$,并综合技术进步因素 A_Q,可创造 Y_Q^{EP} 的产品总量。

而对于市场上生产商总体而言,其资本总量通常与其前期的资本积累密切相关,后者主要由两部分构成:新生成的资本、资本折旧后的余值。假定企业 $Q+1$ 期新生成的资本是 Q 期资本投入 K_Q 与前期投资 I_Q 的函数,以单位资本转化率 $\Gamma(I_Q/K_Q)$ 与资本数量 K_Q 乘积的形式表达。又设 ς 表示资本折旧率,故 $Q+1$ 期资本数量可如下式表达:

$$K_{Q+1} = \Gamma(I_Q/K_Q) \cdot K_Q + (1-\varsigma) \cdot K_Q \qquad (5.48)$$

对于新生成的资本而言 $\Gamma(I_Q/K_Q) \cdot K_Q$,每单位投资 I_Q 的资本边际产量可运用求导方式得:

$$\frac{\partial[\Gamma(I_Q/K_Q) \cdot K_Q]}{\partial I_Q} = \Gamma'(I_Q/K_Q) \qquad (5.49)$$

式 5.49 表明每单位投资 I_Q 的资本边际收益为 $Z_Q \cdot \Gamma'(I_Q/K_Q)$,又根据上文假定,生产商所处的市场结构为完全竞争,故资本的边际收益等于边际成本,可得下式:

$$Z_Q \cdot \Gamma'(I_Q/K_Q) = 1$$

其中假定稳态时资本的边际成本为 1,继续化简:

$$Z_Q = 1/\Gamma'(I_Q/K_Q) \qquad (5.50)$$

该式将单位资本的价格 Z_Q 与资本投入 K_Q 及前期投资 I_Q 之间的关系展现。

基于生产商所处的整体市场结构,假定 $Q+1$ 期生产商每单位产品销售给零售商的价格为原值的 $1/X_{Q+1}$,故结合柯布道格拉斯生产函数式 5.47 可得生产商对单位资本的期望回报:

$$E(R_{Q+1}^K) = E\left\{\frac{\frac{\alpha Y_{Q+1}}{(X_{Q+1})(K_{Q+1})} + Z_{Q+1}(1-\varsigma)}{Z_Q}\right\} \qquad (5.51)$$

将式 5.47 及式 5.50 代入,可将式 5.51 进一步化简为:

$$E(R_{Q+1}^K) = \Gamma'(I_Q/K_Q)E\left\{\frac{\alpha A_{Q+1}(L_{Q+1}/K_{Q+1})^{1-\alpha}}{X_{Q+1}} + \frac{1-\varsigma}{\Gamma'(I_Q/K_Q)}\right\}$$

$$(5.52)$$

式 5.52 描述了生产商期望资本回报与投资、资本量、劳动力以及技术进步因素等变量之间的联动关系。由于 $\Gamma'(I_Q/K_Q)$ 为增函数,故当平均资本回报率为 R_{Q+1}^K 增加时,生产商所筹资本总额趋于下降。所以式 5.52 实则是社会总体资本的需求曲线方程。

三、净资产与加速效应形成的运行机制

由上述社会总体资本的供给曲线以及需求方程,可以看出净资产变量在

其中扮演的重要角色,下文将把视角定位于生产商总体的资本结构,重点考察资本供求所受的具体影响。

聚焦市场上生产商总体净资产的内部结构,由两部分组成:生产商总体的权益 V_Q 与企业家工资 W_Q^E。设 ΘV_Q 为生产商总体在 Q 期持续经营且持有的权益数额,剩下比例的总体权益将用于消费,且满足 $(1-\Theta)V_Q = C_Q^E$,可得:

$$NW_{Q+1} = \Theta V_Q + W_Q^E \tag{5.53}$$

其中生产商总体的权益 V_Q 在其中通常构成主体,可根据生产商资本收益与外部融资成本之间的关系确定:

$$V_Q = R_Q^K Z_{Q-1} \cdot K_Q - \left[R_Q + \frac{\tau \int_0^{\phi^M} \varphi R_Q^K Z_{Q-1} \cdot K_Q dF(\varphi)}{Z_{Q-1} \cdot KQ - NW_{Q-1}} \right] (Z_{Q-1} \cdot KQ - NW_{Q-1}) \tag{5.54}$$

式 5.54 度量了生产商企业总体的权益的大小,而 $\dfrac{\tau \int_0^{\phi^M} \varphi R_Q^K Z_{Q-1} \cdot K_Q dF(\varphi)}{Z_{Q-1} \cdot KQ - NW_{Q-1}}$ 正是企业在选择外部融资时所体现出的外部融资溢价部分。

进一步设 $\mathfrak{b}_Q^{RK}$ 为反应前后一期市场平均资本回报率变动差异的指标,即 $\mathfrak{b}_Q^{RK} = R_Q^K - E_{Q-1}(R_Q^K)$,则根据式 5.54,市场上生产商总体权益受平均资本回报率变动的具体影响程度可表达为:

$$\varepsilon_{R_Q^K} = \frac{\partial V_Q / E_{Q-1}(V_Q)}{\partial \mathfrak{b}_Q^{RK} / E_{Q-1}(R_Q^K)} = \frac{E_{Q-1}(R_Q^K) Z_{Q-1} \cdot KQ}{EQ-1(V_Q)} \geq 1 \tag{5.55}$$

式 5.55 即市场上生产商总体权益的回报率弹性,以 $\varepsilon_{R_Q^K}$ 来表示。在生产商采取外部融资方式时(财务杠杆大于 1),$\varepsilon_{R_Q^K}$ 的数值也将大于 1,意味着受外生资产价格变动等因素引起的平均资本回报率变动 $\mathfrak{b}_Q^{RK}$ 会以扩大的效应作用于生产商的权益 V_Q。

这一结论极为重要,不仅可视为对本节第一部分资本供给曲线即金融加速器效应核心机理的补充,明确了受冲击后净资产的变化情况,更重要的是从量化角度对加速效应的具体程度进行了有效的度量,为下文揭示受此影响后各宏观变量间的循环及放大效应提供了有力的佐证。

以下考虑市场上生产商总体净资产的另一部分：企业家工资 W_Q^E，具体分析涉及社会总体的劳动力市场。

首先假定全社会的劳动①分为两种：以家庭为主体的劳动，表示为 H_Q；以及企业家劳动，表示为 H_Q^E。可得社会总体的劳动供给 L_Q：

$$L_Q = H_Q^{\ddot{\tau}} (H_Q^E)^{1-\ddot{\tau}} \tag{5.56}$$

进一步将式 5.56 与柯布道格拉斯生产函数式 5.47 相结合，并设 Q 期家庭的实际工资为 W_Q，企业家的工资 W_Q^E，X_Q 如前所述为生产商到零售商的价格比例，则可解出 Q 期家庭及企业家的劳动需求函数：

$$(1-\alpha)\ddot{\tau} \frac{Y_Q^{EP}}{H_Q} = X_Q W_Q \tag{5.57}$$

$$(1-\alpha)(1-\ddot{\tau}) \frac{Y_Q^{EP}}{H_Q^E} = X_Q W_Q^E \tag{5.58}$$

至此，为方便运算设企业家的工资 W_Q^E 为 1，将式 5.47、式 5.54、式 5.58 代入式 5.53：$NW_{Q+1} = \Theta V_Q + W_Q^E$，可得市场上生产商总体的净资产决定方程：

$$NW_{Q+1} = \Theta \cdot \left[R_Q^K \cdot Z_{Q-1} \cdot K_Q - \left(R_Q + \frac{\tau \int_0^{\phi^M} \varphi R_Q^K Z_{Q-1} \cdot K_Q dF(\varphi)}{Z_{Q-1} \cdot KQ - NW_{Q-1}} \right) \right.$$
$$\left. (Z_{Q-1} \cdot K_Q - NW_{Q-1}) \right] + (1-\alpha)(1-\ddot{\tau}) A_Q K_Q^\alpha H_Q^{(1-\alpha)\ddot{\tau}} \tag{5.59}$$

综上所述，式 5.59 与式 5.46、式 5.55 一起完整揭示了金融加速器效应由受到单个生产商影响的生产商总体如何在宏观层面产生循环及放大作用的全过程，即"加速效应"形成的机理。

基于本研究假定宏观市场上企业总体是微观层面企业个体行为的加总，故金融加速器效应形成的核心机理：企业净资产与外部融资溢价的反向关系适用于市场上的生产商总体。正如式 5.46 的表述，外生冲击（比如货币政策冲击）首先会通过资产价格即市场平均资本回报率的改变来作用于市场上生产商，从而使其权益变化进而影响到净资产。这一初始冲击幅度的大小如式

---

① 根据 Bernanke(1990) 和 Carlstrom(1998) 的假设。

5.55所揭示,取决于企业的融资杠杆本身。

但加速效应的传导至此并非结束而是刚刚开始。一方面受生产商总体净资产波动的影响,信贷总量及社会资本的总量会随之调整;另一方面生产商总体的净资产与劳动力市场供求关系、投资总量、社会总体产品数量密切相关。这一净资产与其他宏观经济变量的传导过程正如式5.59的演绎,最终还会作用到下一期市场上生产商总体的净资产,从而形成开始新一轮的循环并不断放大,由此产生"加速效应"。

第六章 欧元区的宏观经济现状
——基于 AWM 数据指标库

对欧元区宏观经济现状的经济学描述在定量分析方法上依赖于连续、一致的数据支持。长期以来欧元区总量数据的先天不足使得 AWM(Area-Wide Model)数据指标库[①]的建立有着特殊的意义。本节主要介绍了 AWM 数据指标体系的特征及构建方法,以及基于该数据库对欧元区宏观经济现状的描述。需要指出的是,下一章 DSGE 模型的数据来源正是 AWM 数据指标体系,因此也可视作本研究核心模型的数据准备。

第一节 AWM 数据指标库特点及构建方法

如上文所述,出于历史及政治原因,欧元区本身是一个动态调整的范畴,包括其货币政策在内的诸多宏观经济变量的测度标准及范围都在不断变化中。由于缺乏连续性和一致性,难以有效生成以"一个欧元区总体"为对象的宏观总量数据,使得现有的公开数据受限于样本容量等原因无法充分满足使用西方现代经济学数学及计量分析方法研究欧元区宏观经济波动的要求。尽管部分经济学家尝试用调整研究对象或是划分周期的方法避开数据的先天不足问题,并在检验某些特定问题时获得了较好的经验分析支持,但不可否认,相关方法带有极大的主观性和随意性,无法适用于长周期、全范围的欧元区宏观经济的研究。

正是基于这种瓶颈,AWM 数据指标库的建立具有里程碑的意义,不仅基

[①] 具体详见 Fagan 等于 2001 年发表的《An Area-Wide Model》一文,因其在文中构建的指标体系较为适用于分析以欧元区总体为对象的宏观经济问题,故后来成果将 AWM 专指以该文所构建欧元区数据指标库为基础的数据指标体系,目前由欧盟央行及各国央行的一个研究小组负责 AWM database 的更新及维护。

于欧元区整体对自 1970 年以来的各国数据进行调整从而生成了季度频率的总量数据,充分满足了经济学研究技术的要求,更重要的是建立了一套被欧洲央行及各成员国所公认并经实践推广行之有效的主流数据生成方法。这种思想和方法不但可应用于欧元区,对未来的整个欧盟以及其他地区的宏观经济研究都具有参考价值。

一、AWM 数据指标库的特点

如前所述,随着欧元区的不断扩容及发展实践层面的现实问题层出不穷。对于经济学家而言不仅仅需要数理经济学的理论模型为基础,分析欧元区的宏观经济问题,更重要的是要有高质量的数据以满足研究的需要。AWM 数据指标库建立的初衷就是为经济学家研究欧元区货币政策、经济结构、金融市场以及经济周期等问题提供数据支持。

由费根(Fagan)、亨利(Henry)和梅斯特(Mestre)建立的这一数据库[①]涵盖了 1970 至今欧元区各国家总体的宏观季度生成数据。由于数据本身的连续性及适用性,已成为当今分析欧元区经济的首选数据源。其主要特点体现在以下几个方面。

(一) 原始数据来源:公共渠道

AWM 指标的数据源直接来自以下公开数据库:欧洲央行的月度公报、OECD 经济合作组织的国家数据库、BIS(Bank For International Settlements)国际清算银行数据库以及 Eurostat data 欧盟统计局数据库。

(二) 高频度:季度数据

为满足现代西方经济学分析工具的需要,AWM 数据指标库内相关变量均以季度为单位构建,从而大大提高了其适用性。在具体操作方法上主要采

---

① AWM 数据指标库至今已经历了 11 次版本的升级及维护,每个版本的变量数目并非完全不变,会根据欧盟央行研究课题等需要进行增加或是减少。基于本研究 DSGE 模型所涉及变量的需要,选取了 AWM 数据指标库 2006 年的版本,时间序列是从 1970 年第一季度到 2005 年第四季度,故 2005 年后加入欧元区的斯洛文尼亚(2007)、塞浦路斯(2008)、马耳他(2008)、斯洛伐克(2009)、爱沙尼亚(2011)五国并不在本研究对欧元区的经济学模型分析范围之内,本书的 DSGE 模型研究是基于欧盟 12 国。

取的是滤波方法将缺乏原始数据转化为季度数据。

(三) 长跨度：始于1970年的序列

AWM数据指标库在构建时充分考虑了时间跨度,大部分变量的起始年份为1970年第一季度。在操作上运用了多种调整的方法对原始数据进行了重构,尤其当面对某变量因为断点或是前后来源非一致标准的多个原始数据源问题时,通常以赋予权重或参照新制度规则的方式对多个数据库的相关指标序列进行调整及合并。

(四) 相对稳定性：充分考虑季节调整

在生成欧元区总量数据前,AWM数据指标库所采用的原始数据都经过了季节调整。这样操作的意义在于剔除经济波动现象中有关季节因素的影响,从而有助于把握经济现象的主要原因,增强变量序列的相对稳定性。具体是采用了贝尔实验室SABL（SABL＝Seasonal Adjustment, Bell Labs）方法。值得注意的是,受欧元区各国历史人文因素影响,一年期内的节假日及工作日安排各不相同,因此该季节调整方法中并未包括通常内含的工作日调整（working day adjustment）,特此说明。

(五) 数据异常点的平滑转换：对诸如德国政体转换问题的处理

上文已有所涉及,由于多重因素的影响欧元区所包含国家不仅在数量处于动态调整中,相关主体的性质也存在变化的可能。以德国为例,由于德国政体转换的原因,完整国家的相关数据始于1990或是1991年,在这之前可监测的历史数据的主要是来自联邦德国。为了消除在时间序列上的这样一个特殊因素的影响,AWM数据指标库采取了重构的方法,将联邦德国以前的数据按照一定的比例算法调整为"一个德国"的总量数据,由此填补了在政体转换前的空白,保持了德国宏观数据的平滑性。

(六) 更新与维护

前文总体简介中已有所涉及AWM数据指标库在各个指标数量上并非完全固定,会根据需要增加或者是减少。这样的更新与维护是由一个欧洲中央银行以及各成员国央行出资的研究小组即欧元区经济周期网络（Euro Area Business Cycle Network, EABCN）负责。

二、AWM 数据指标库的构建方法

（一）基本原则：指数法

从欧元区各国的国别数据到"一个欧元区总体"的总量数据，AWM 数据指标库汇总方法所遵循的基本原则为指数法，设定任意变量 X 的对数指数为：

$$\ln X_z = \sum_z W_i \cdot \ln X_i$$

其中 W_i 为权重向量的系数[①]，表示 X_i 在总量 X_z 中的权重，对于名义变量与实际变量而言，大部分均采取了这样的算法，例如平减指数和以收入法核算的 GDP 等。值得一提的是，上述权重 W_i 的设定通常是基于以购买力表征的 GDP，以此反映各个国家之间的差异。当然如果并非所有相关国家的数据都符合要求，则权重需要进行调整。

对于有些变量，比如比率类的总量指标则通常采取求和平均，而没有运用对数的形式，尤其体现在对欧元区利率总量指标的建构上，具体下文将有所涉及。

只有当年度数据可用但部分季度数据缺失时，才会将年度数据转化并以插入的形式补足空缺，具体可使用 Chow-Lin Procedure 或者卡尔曼滤波的方法。如果没有指标满足上述方法的要求，则通过三次样条（Cubic Spline）插值法来实现。

（二）重构数据：基于欧盟央行的月度公报的再调整

在以上述指数法构建 AWM 数据指标后，由于部分变量原始数据的多数据来源等问题，需要对此时的相关数据进行再调整，以保持其与欧洲央行月度公报或者欧洲统计局的数据符合一致性要求。通常有两种方法可以修补，一是使用公共的欧元区官方数据完全替代原始的国家数据，二是基于时间序列跨度要求将上述官方数据与 AWM 本身的数据相结合。第二种方法在处理二者间平衡时基于欧洲总量数据构建的主旨，将主要偏重欧洲央行月度公报或者欧洲统计局的公开数据。

[①] 又称权向量（weight vector），权系数的大小表示其在多目标最优化问题中的重要性。

当然对于 AWM 数据指标库所涵盖的各个变量,所采取的重构方法并不一样,需要结合实际情况具体分析。针对本书研究对象以及金融加速器特性的 DSGE 模型,下文仅以模型所涉及的相关变量为例来说明:

(1) 实际 GDP:该指标主要来自欧洲统计局,这本身也是欧洲央行月度公报数据的来源。对部分早期年份的历史数据则首先以 1995 年的欧元货币单位 ECU(European Currency Unit)①为基准进行调整,然后再根据 AWM 原始数据源的增长率进行转换。

(2) GDP 平减指数:直接取自相应的欧洲央行月度公报。

(3) 家庭劳动力数量:主要来自欧洲央行月度公报,较早年份间的历史数据则根据增长率进行了调整。

(4) 无风险利率:来源于欧盟央行月度公报,对于早期历史数据的处理则是取自于国际清算银行数据库 BIS 以及欧盟委员会的 AMECO(Annual Macro-Economic Database)数据库以代替国别数据。市场平均回报率则完全取自于欧洲央行月度公报。

(三) 其他的调整及说明

除上述数据重构外,还有一些因素需要考虑以使数据更加适用于经济学分析。

1. 季节调整

如上文所述,AWM 数据指标库中带有明显季节性因素的数据都经过了贝尔实验室 SABL 方法调整以保持相对稳定性。

2. 单位说明

数据的单位标注遵循欧洲统计局或者欧洲央行的转化规则。如 GDP 平减指数是以 1995 年为基期 1 计算。家庭劳动力数量等则以每单位 1 000 人表示。

第二节 欧元区宏观经济波动总况(AWM,1970—2005)

在上文对 AWM 数据指标库特征及构建方法梳理的基础上,下文将转入

---

① 参照一揽子货币的欧洲货币单位,可看作欧元 1999 年诞生前的过渡产物。

数据库本身并以此为工具对欧元区1970年至2005年的宏观经济总况进行一个初步的描述。为更好地结合下一章核心DSGE模型的分析，此处主要从AWM数据指标库中挑选了与核心模型相关的实际GDP、价格平减指数、私人消费、投资、长期利率、短期利率、家庭劳动力数量及企业劳动力数量等变量，旨在通过总量指标的直观历史数据判断为DSGE模型的拟合与模拟做好铺垫。

一、欧元区宏观经济总量：生产总值平稳

从1970年到2005年，欧元区经济总量在这144个季度的时间跨度内总体呈现出上升的趋势，实际GDP从最初的7.08千亿欧元到期末的16.82亿欧元，绝对额增加了9.74亿欧元，相当于期初值的1.37倍（见表6.1）。换算为年度指标，则GDP总量的在36年间的平均增长率2.38%。

表6.1　欧元区经济波动与价格平减指数增长率（1970—2005年）

	1970Q1	1970Q2	1970Q3	1970Q4	1971Q1	1971Q2	1971Q3	1971Q4	1972Q1
GDP(千亿欧元)	7.08	7.22	7.30	7.39	7.38	7.47	7.59	7.65	7.76
GDP G(%)		1.92%	1.20%	1.21%	−0.17%	1.28%	1.56%	0.80%	1.48%
Deflator G(%)		0.34%	0.25%	0.19%	0.46%	0.20%	0.26%	0.25%	0.41%
	1972Q2	1972Q3	1972Q4	1973Q1	1973Q2	1973Q3	1973Q4	1974Q1	1974Q2
GDP(千亿欧元)	7.82	7.92	8.04	8.19	8.29	8.41	8.50	8.58	8.60
GDP G(%)	0.67%	1.37%	1.46%	1.93%	1.21%	1.37%	1.09%	0.99%	0.18%
Deflator G(%)	0.26%	0.27%	0.35%	0.63%	0.49%	0.57%	0.46%	0.74%	0.79%
	1974Q3	1974Q4	1975Q1	1975Q2	1975Q3	1975Q4	1976Q1	1976Q2	1976Q3
GDP(千亿欧元)	8.66	8.52	8.44	8.48	8.56	8.65	8.79	8.90	8.98
GDP G(%)	0.68%	−1.59%	−0.93%	0.52%	0.89%	1.06%	1.63%	1.29%	0.84%
Deflator G(%)	0.83%	0.81%	0.65%	0.64%	0.53%	0.56%	0.57%	1.16%	0.81%
	1976Q4	1977Q1	1977Q2	1977Q3	1977Q4	1978Q1	1978Q2	1978Q3	1978Q4
GDP(千亿欧元)	9.12	9.16	9.17	9.18	9.29	9.35	9.46	9.50	9.61
GDP G(%)	1.61%	0.41%	0.13%	0.08%	1.20%	0.64%	1.14%	0.47%	1.19%
Deflator G(%)	0.77%	0.73%	0.97%	0.70%	0.74%	0.80%	0.84%	0.80%	0.73%
	1979Q1	1979Q2	1979Q3	1979Q4	1980Q1	1980Q2	1980Q3	1980Q4	1981Q1
GDP(千亿欧元)	9.66	9.82	9.87	9.96	10.06	10.01	10.00	10.01	10.02
GDP G(%)	0.51%	1.60%	0.51%	0.95%	0.94%	−0.47%	−0.06%	0.05%	0.10%
Deflator G(%)	0.82%	0.91%	1.13%	1.07%	1.20%	1.12%	1.02%	0.94%	1.04%

续表

	1981Q2	1981Q3	1981Q4	1982Q1	1982Q2	1982Q3	1982Q4	1983Q1	1983Q2
GDP(千亿欧元)	10.05	10.08	10.10	10.14	10.15	10.10	10.10	10.17	10.24
GDP G(%)	0.30%	0.28%	0.23%	0.41%	0.13%	−0.53%	0.04%	0.67%	0.65%
Deflator G(%)	1.39%	1.37%	1.36%	1.20%	1.44%	1.15%	1.16%	1.17%	1.06%
	1983Q3	1983Q4	1984Q1	1984Q2	1984Q3	1984Q4	1985Q1	1985Q2	1985Q3
GDP(千亿欧元)	10.27	10.38	10.47	10.42	10.52	10.58	10.60	10.70	10.79
GDP G(%)	0.26%	1.09%	0.86%	−0.47%	1.03%	0.51%	0.22%	0.95%	0.85%
Deflator G(%)	1.28%	1.17%	1.06%	0.90%	0.99%	0.63%	1.06%	0.86%	1.03%
	1985Q4	1986Q1	1986Q2	1986Q3	1986Q4	1987Q1	1987Q2	1987Q3	1987Q4
GDP(千亿欧元)	10.86	10.82	11.02	11.08	11.10	11.05	11.24	11.36	11.50
GDP G(%)	0.60%	−0.34%	1.83%	0.51%	0.25%	−0.48%	1.68%	1.07%	1.27%
Deflator G(%)	0.96%	1.24%	0.94%	0.76%	0.60%	0.57%	0.67%	0.51%	0.87%
	1988Q1	1988Q2	1988Q3	1988Q4	1989Q1	1989Q2	1989Q3	1989Q4	1990Q1
GDP(千亿欧元)	11.56	11.67	11.82	11.93	12.07	12.18	12.25	12.38	12.55
GDP G(%)	0.55%	0.92%	1.24%	0.92%	1.17%	0.95%	0.60%	1.04%	1.36%
Deflator G(%)	0.71%	0.82%	0.67%	0.99%	0.93%	0.67%	0.79%	1.08%	1.14%
	1990Q2	1990Q3	1990Q4	1991Q1	1991Q2	1991Q3	1991Q4	1992Q1	1992Q2
GDP(千亿欧元)	12.61	12.72	12.79	12.88	12.92	12.92	13.04	13.24	13.14
GDP G(%)	0.46%	0.93%	0.57%	0.69%	0.30%	−0.03%	0.95%	1.51%	−0.76%
Deflator G(%)	1.16%	0.76%	0.98%	1.14%	1.22%	1.11%	1.31%	0.66%	0.84%
	1992Q3	1992Q4	1993Q1	1993Q2	1993Q3	1993Q4	1994Q1	1994Q2	1994Q3
GDP(千亿欧元)	13.10	13.07	12.98	12.99	13.05	13.08	13.20	13.29	13.37
GDP G(%)	−0.28%	−0.20%	−0.68%	0.07%	0.41%	0.26%	0.93%	0.62%	0.67%
Deflator G(%)	0.77%	0.82%	1.15%	0.85%	0.63%	0.77%	0.54%	0.64%	0.69%
	1994Q4	1995Q1	1995Q2	1995Q3	1995Q4	1996Q1	1996Q2	1996Q3	1996Q4
GDP(千亿欧元)	13.48	13.55	13.64	13.69	13.72	13.72	13.83	13.90	13.93
GDP G(%)	0.79%	0.54%	0.61%	0.35%	0.23%	0.00%	0.82%	0.49%	0.21%
Deflator G(%)	0.81%	0.62%	0.83%	0.79%	0.47%	0.46%	0.34%	0.42%	0.30%
	1997Q1	1997Q2	1997Q3	1997Q4	1998Q1	1998Q2	1998Q3	1998Q4	1999Q1
GDP(千亿欧元)	14.00	14.16	14.26	14.40	14.50	14.56	14.64	14.67	14.80
GDP G(%)	0.51%	1.14%	0.71%	0.99%	0.71%	0.39%	0.58%	0.19%	0.89%
Deflator G(%)	0.43%	0.25%	0.46%	0.43%	0.41%	0.47%	0.25%	0.35%	0.06%
	1999Q2	1999Q3	1999Q4	2000Q1	2000Q2	2000Q3	2000Q4	2001Q1	2001Q2
GDP(千亿欧元)	14.90	15.09	15.28	15.45	15.59	15.67	15.78	15.90	15.92
GDP G(%)	0.67%	1.27%	1.24%	1.15%	0.92%	0.46%	0.72%	0.78%	0.09%
Deflator G(%)	0.36%	0.16%	0.15%	0.49%	0.46%	0.52%	0.30%	0.85%	0.81%

第六章 欧元区的宏观经济现状——基于 AWM 数据指标库 / 85

续表

	2001Q3	2001Q4	2002Q1	2002Q2	2002Q3	2002Q4	2003Q1	2003Q2	2003Q3
GDP(千亿欧元)	15.93	15.94	15.98	16.04	16.11	16.11	16.14	16.12	16.21
GDP G(%)	0.06%	0.09%	0.24%	0.42%	0.38%	0.04%	0.16%	−0.11%	0.53%
Deflator G(%)	0.65%	0.86%	0.75%	0.42%	0.85%	0.66%	0.18%	0.75%	0.97%
	2003Q4	2004Q1	2004Q2	2004Q3	2004Q4	2005Q1	2005Q2	2005Q3	2005Q4
GDP(千亿欧元)	16.28	16.39	16.45	16.49	16.52	16.59	16.66	16.76	16.82
GDP G(%)	0.45%	0.70%	0.33%	0.23%	0.22%	0.42%	0.40%	0.60%	0.35%
Deflator G(%)	0.36%	0.36%	0.78%	0.41%	0.58%	0.47%	0.46%	0.62%	0.84%

资料来源:AWM 数据指标库第 6 版本,时间跨度为 1970 年第一季度至 2005 年第四季度。其中 GDP 为实际额,GDP G 为 GDP 实际增长率,Deflator G 为 GDP 平减指数增长率。

进一步分析,虽然欧元区生产总值在大部分时间趋于上升,但在个别期间也出现过较大的波动,例如 1970 年第一季度,1974 年第四季度至 1975 年第一季度,1980 年第二季度至第三季度,1982 年第三季度,1984 年第二季度,1986 年第一季度,1987 年第一季度,1991 年第三季度,1992 年第二季度至 1993 年第一季度,以及 2003 年第二季度均出现过负增长(见图 6.1)。其中极小值点出现在 1974 年第四季度,增长率为−1.59%。而从时间跨度上而言,

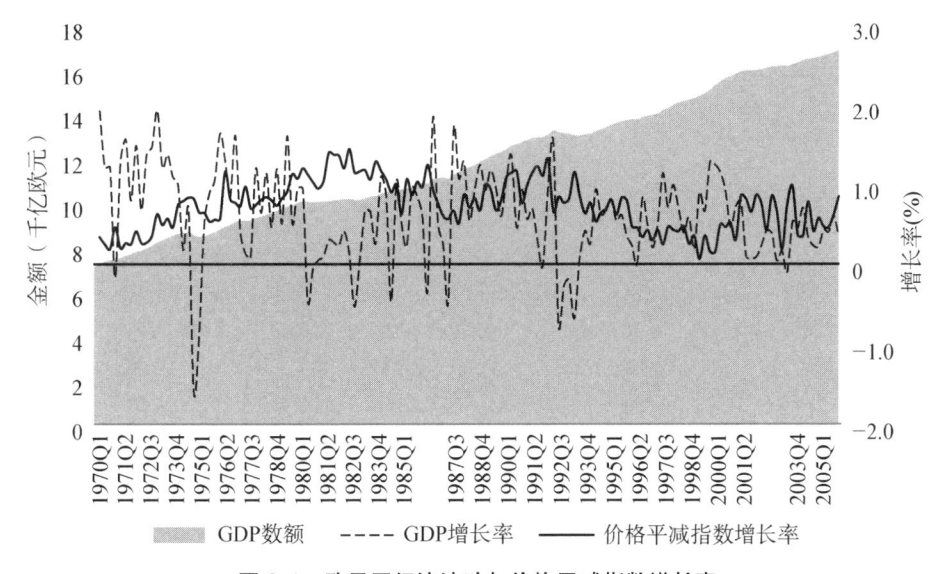

图 6.1 欧元区经济波动与价格平减指数增长率

资料来源:AWM 数据指标库第 6 版本,时间跨度为 1970 年第一季度至 2005 年第四季度。

1992年第二季度至1993年第一季度的衰退持续时间最长,影响了一年时间。值得一提的是,上述部分经济负增长的发生时间均出现于三次石油危机(1973年、1979年、1990年)1—2年后。当然是否具有一定的相关性有待进一步检验。

另一方面,同期的价格平减指数虽始终保持增长,但始终维持在1.5%以下的水平,最高值为1982年第二季度的1.44%,且整个36年间也未出现过价格平减指数的负增长,最低值为1992年第一季度的0.06%,相对而言较为稳定。

二、欧元区宏观需求结构:私人消费为主体,投资平稳

与GDP增长趋势同步,1970年至2005年欧元区私人消费与投资也分别从期初的3.99千亿欧元和1.73千亿欧元上涨至期末的9.57千亿欧元和3.6千亿欧元,绝对值增加了5.58千亿欧元和1.87千亿欧元,约为期初的1.4倍和0.87倍。若以年度指标衡量,欧元区私人消费在过去36年间的平均年增长率为2.41%,略高于GDP同期的年均增长率;欧元区投资实际额在同期的年均增速则低于GDP增速,为1.91%。

表6.2　　　欧元区私人消费与投资变化(1970—2005年)

	1970Q1	1970Q2	1970Q3	1970Q4	1971Q1	1971Q2	1971Q3	1971Q4	1972Q1
PC(千亿欧元)	3.99	4.03	4.08	4.16	4.19	4.25	4.29	4.34	4.41
I(千亿欧元)	1.73	1.83	1.86	1.85	1.84	1.89	1.90	1.93	1.95
PC S(%)	56.28%	55.90%	55.90%	56.30%	56.79%	56.90%	56.52%	56.72%	56.84%
I S(%)	24.44%	25.41%	25.49%	25.08%	24.99%	25.32%	25.05%	25.17%	25.09%
	1972Q2	1972Q3	1972Q4	1973Q1	1973Q2	1973Q3	1973Q4	1974Q1	1974Q2
PC(千亿欧元)	4.43	4.51	4.56	4.65	4.70	4.73	4.77	4.78	4.82
I(千亿欧元)	1.98	2.00	2.05	2.09	2.10	2.11	2.11	2.11	2.05
PC S(%)	56.71%	56.96%	56.70%	56.79%	56.69%	56.21%	56.15%	55.66%	56.08%
I S(%)	25.27%	25.27%	25.50%	25.55%	25.27%	25.06%	24.86%	24.54%	23.84%
	1974Q3	1974Q4	1975Q1	1975Q2	1975Q3	1975Q4	1976Q1	1976Q2	1976Q3
PC(千亿欧元)	4.85	4.81	4.84	4.91	4.97	5.03	5.10	5.14	5.18
I(千亿欧元)	2.05	1.99	1.96	1.94	1.94	1.98	1.98	1.98	1.98
PC S(%)	56.07%	56.43%	57.33%	57.84%	58.03%	58.20%	58.01%	57.68%	57.64%
I S(%)	23.70%	23.38%	23.26%	22.82%	22.71%	22.83%	22.47%	22.25%	22.01%

续表

	1976Q4	1977Q1	1977Q2	1977Q3	1977Q4	1978Q1	1978Q2	1978Q3	1978Q4
PC(千亿欧元)	5.23	5.25	5.31	5.36	5.41	5.43	5.49	5.53	5.59
I(千亿欧元)	2.02	2.05	2.02	2.03	2.06	2.06	2.08	2.09	2.11
PC S(%)	57.37%	57.26%	57.93%	58.35%	58.24%	58.04%	58.01%	58.18%	58.14%
I S(%)	22.19%	22.36%	22.02%	22.12%	22.12%	22.05%	22.04%	21.97%	21.90%
	1979Q1	1979Q2	1979Q3	1979Q4	1980Q1	1980Q2	1980Q3	1980Q4	1981Q1
PC(千亿欧元)	5.63	5.74	5.71	5.77	5.83	5.79	5.83	5.83	5.82
I(千亿欧元)	2.08	2.16	2.17	2.20	2.23	2.19	2.18	2.16	2.14
PC S(%)	58.24%	58.42%	57.90%	57.94%	57.92%	57.84%	58.29%	58.23%	58.14%
I S(%)	21.47%	21.97%	21.99%	22.13%	22.16%	21.89%	21.81%	21.61%	21.38%
	1981Q2	1981Q3	1981Q4	1982Q1	1982Q2	1982Q3	1982Q4	1983Q1	1983Q2
PC(千亿欧元)	5.82	5.84	5.87	5.89	5.87	5.84	5.88	5.92	5.91
I(千亿欧元)	2.14	2.12	2.08	2.08	2.08	2.05	2.04	2.06	2.06
PC S(%)	57.90%	57.93%	58.09%	58.09%	57.84%	57.83%	58.20%	58.15%	57.77%
I S(%)	21.28%	21.08%	20.55%	20.48%	20.44%	20.34%	20.18%	20.21%	20.09%
	1983Q3	1983Q4	1984Q1	1984Q2	1984Q3	1984Q4	1985Q1	1985Q2	1985Q3
PC(千亿欧元)	5.90	5.95	6.01	5.99	6.00	6.01	6.06	6.10	6.16
I(千亿欧元)	2.06	2.05	2.06	2.01	2.04	2.06	2.03	2.06	2.11
PC S(%)	57.52%	57.38%	57.40%	57.48%	57.00%	56.81%	57.18%	57.02%	57.06%
I S(%)	20.10%	19.72%	19.68%	19.31%	19.37%	19.43%	19.17%	19.29%	19.53%
	1985Q4	1986Q1	1986Q2	1986Q3	1986Q4	1987Q1	1987Q2	1987Q3	1987Q4
PC(千亿欧元)	6.20	6.23	6.34	6.39	6.43	6.45	6.56	6.61	6.70
I(千亿欧元)	2.13	2.11	2.17	2.20	2.22	2.18	2.25	2.31	2.34
PC S(%)	57.14%	57.54%	57.52%	57.65%	57.95%	58.33%	58.35%	58.23%	58.22%
I S(%)	19.64%	19.52%	19.67%	19.85%	19.98%	19.75%	20.07%	20.31%	20.36%
	1988Q1	1988Q2	1988Q3	1988Q4	1989Q1	1989Q2	1989Q3	1989Q4	1990Q1
PC(千亿欧元)	6.70	6.74	6.83	6.89	6.95	6.99	7.08	7.15	7.21
I(千亿欧元)	2.38	2.42	2.47	2.51	2.57	2.60	2.62	2.68	2.76
PC S(%)	57.93%	57.72%	57.84%	57.74%	57.62%	57.43%	57.75%	57.75%	57.44%
I S(%)	20.58%	20.77%	20.86%	21.05%	21.34%	21.35%	21.37%	21.65%	21.99%
	1990Q2	1990Q3	1990Q4	1991Q1	1991Q2	1991Q3	1991Q4	1992Q1	1992Q2
PC(千亿欧元)	7.25	7.28	7.34	7.42	7.49	7.46	7.57	7.61	7.62
I(千亿欧元)	2.74	2.75	2.77	2.77	2.78	2.78	2.81	2.86	2.82
PC S(%)	57.55%	57.21%	57.39%	57.62%	57.94%	57.77%	58.03%	57.51%	58.02%
I S(%)	21.77%	21.64%	21.68%	21.53%	21.52%	21.49%	21.57%	21.63%	21.48%

续表

	1992Q3	1992Q4	1993Q1	1993Q2	1993Q3	1993Q4	1994Q1	1994Q2	1994Q3
PC(千亿欧元)	7.61	7.67	7.54	7.54	7.57	7.61	7.61	7.64	7.69
I(千亿欧元)	2.77	2.74	2.67	2.62	2.63	2.60	2.63	2.67	2.70
PC S(%)	58.08%	58.67%	58.09%	58.04%	57.99%	58.16%	57.67%	57.48%	57.51%
I S(%)	21.13%	20.99%	20.54%	20.20%	20.14%	19.90%	19.92%	20.11%	20.19%
	1994Q4	1995Q1	1995Q2	1995Q3	1995Q4	1996Q1	1996Q2	1996Q3	1996Q4
PC(千亿欧元)	7.73	7.76	7.84	7.85	7.85	7.93	7.94	7.97	7.98
I(千亿欧元)	2.77	2.73	2.77	2.76	2.79	2.70	2.83	2.83	2.84
PC S(%)	57.32%	57.26%	57.51%	57.35%	57.27%	57.82%	57.43%	57.37%	57.30%
I S(%)	20.53%	20.14%	20.33%	20.15%	20.34%	19.69%	20.49%	20.33%	20.41%
	1997Q1	1997Q2	1997Q3	1997Q4	1998Q1	1998Q2	1998Q3	1998Q4	1999Q1
PC(千亿欧元)	8.01	8.09	8.12	8.19	8.25	8.30	8.38	8.46	8.54
I(千亿欧元)	2.81	2.87	2.89	2.95	3.00	3.02	3.07	3.09	3.17
PC S(%)	57.23%	57.14%	56.93%	56.85%	56.90%	57.02%	57.26%	57.66%	57.72%
I S(%)	20.04%	20.27%	20.24%	20.47%	20.71%	20.72%	20.98%	21.06%	21.41%
	1999Q2	1999Q3	1999Q4	2000Q1	2000Q2	2000Q3	2000Q4	2001Q1	2001Q2
PC(千亿欧元)	8.58	8.65	8.74	8.82	8.91	8.92	8.95	9.04	9.09
I(千亿欧元)	3.20	3.26	3.30	3.37	3.39	3.42	3.43	3.45	3.44
PC S(%)	57.56%	57.36%	57.21%	57.10%	57.14%	56.97%	56.73%	56.87%	57.08%
I S(%)	21.49%	21.61%	21.60%	21.83%	21.73%	21.84%	21.74%	21.73%	21.60%
	2001Q3	2001Q4	2002Q1	2002Q2	2002Q3	2002Q4	2003Q1	2003Q2	2003Q3
PC(千亿欧元)	9.10	9.09	9.10	9.13	9.19	9.21	9.22	9.25	9.29
I(千亿欧元)	3.41	3.39	3.39	3.34	3.36	3.38	3.39	3.39	3.40
PC S(%)	57.14%	57.03%	56.97%	56.89%	57.05%	57.18%	57.12%	57.37%	57.30%
I S(%)	21.39%	21.27%	21.20%	20.83%	20.88%	21.01%	21.02%	21.04%	21.01%
	2003Q4	2004Q1	2004Q2	2004Q3	2004Q4	2005Q1	2005Q2	2005Q3	2005Q4
PC(千亿欧元)	9.31	9.35	9.36	9.38	9.46	9.46	9.49	9.56	9.57
I(千亿欧元)	3.43	3.44	3.45	3.47	3.48	3.50	3.54	3.59	3.60
PC S(%)	57.16%	57.02%	56.93%	56.93%	57.26%	57.02%	56.99%	57.03%	56.88%
I S(%)	21.04%	21.00%	20.99%	21.04%	21.09%	21.11%	21.28%	21.40%	21.41%

资料来源：AWM 数据指标库第 6 版本，时间跨度 1970 年第一季度至 2005 年第四季度。其中 PC 为私人消费实际额，I 为投资额，PC S 为私人消费所占 GDP 的比重，I S 为投资站 GDP 比重。

进一步比较欧元区私人消费、投资在生产总值构成中的结构（见图 6.2）。36 年间私人消费始终在 GDP 中占据较大比重，且较为稳定长期保持在 55%到 60%的水平。相对而言，投资在欧元区整个生产总值中的比重较低，极高值

第六章　欧元区的宏观经济现状——基于 AWM 数据指标库 / 89

图 6.2　欧元区私人消费与投资

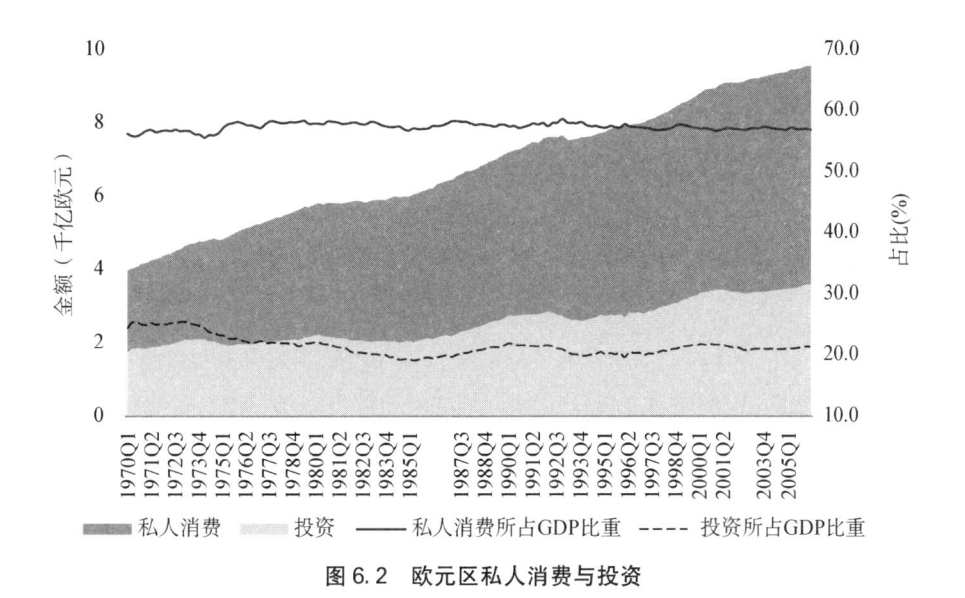

资料来源：AWM 数据指标库第 6 版本，时间跨度为 1970 年第一季度至 2005 年第四季度。

也仅为 1970 年的第三季度的 25.49%，尤其后 20 年来进一步减少维持在 20% 左右的水平。就数据提供的直观信息而言，欧元区这种高消费，低投资的结构确实反映了其整体经济的发展阶段，经济增长主要由消费拉动，而非投资。

三、欧元区利率波动特征：长短期利率高度同步

利率是欧元区货币政策执行主体实施调控手段的重要标量。在 1970 年到 2005 年的 36 年间，短期名义利率处于 14.1% 区间的波动状态，其中最高值在 1981 年的第三季度，为 16.1%，最低值则出现在多个时间段，分别是 2003 年第三季度至 2004 年第三季度，以及 2005 年第一季度至第三季度，具体值为 2.1%（见表 6.3）。与短期名义利率类似，长期名义利率也处在不断的调整变化中，但波动幅度相对略窄，区间跨度为 12%。最高长期利率同样出现在 1981 年第三季度，而最低利率则是 2005 年第三季度的 3.33%。

表 6.3　　　　欧元区短期利率与长期利率（1970—2005 年）

	1970Q1	1970Q2	1970Q3	1970Q4	1971Q1	1971Q2	1971Q3	1971Q4	1972Q1
R S	0.080	0.079	0.076	0.072	0.065	0.059	0.062	0.060	0.050
R L	0.079	0.083	0.084	0.083	0.079	0.079	0.080	0.078	0.076

续表

	1972Q2	1972Q3	1972Q4	1973Q1	1973Q2	1973Q3	1973Q4	1974Q1	1974Q2
RS	0.047	0.049	0.064	0.068	0.085	0.102	0.111	0.112	0.115
RL	0.075	0.076	0.078	0.080	0.083	0.086	0.087	0.093	0.101
	1974Q3	1974Q4	1975Q1	1975Q2	1975Q3	1975Q4	1976Q1	1976Q2	1976Q3
RS	0.115	0.106	0.088	0.070	0.064	0.066	0.070	0.086	0.093
RL	0.107	0.106	0.099	0.096	0.094	0.093	0.094	0.101	0.103
	1976Q4	1977Q1	1977Q2	1977Q3	1977Q4	1978Q1	1978Q2	1978Q3	1978Q4
RS	0.092	0.102	0.094	0.090	0.091	0.080	0.079	0.092	0.091
RL	0.104	0.103	0.102	0.101	0.100	0.097	0.096	0.096	0.098
	1979Q1	1979Q2	1979Q3	1979Q4	1980Q1	1980Q2	1980Q3	1980Q4	1981Q1
RS	0.077	0.093	0.110	0.127	0.127	0.132	0.122	0.126	0.134
RL	0.097	0.102	0.106	0.111	0.121	0.123	0.122	0.128	0.134
	1981Q2	1981Q3	1981Q4	1982Q1	1982Q2	1982Q3	1982Q4	1983Q1	1983Q2
RS	0.155	0.161	0.154	0.143	0.144	0.133	0.126	0.119	0.118
RL	0.145	0.152	0.151	0.148	0.145	0.143	0.137	0.130	0.129
	1983Q3	1983Q4	1984Q1	1984Q2	1984Q3	1984Q4	1985Q1	1985Q2	1985Q3
RS	0.122	0.122	0.114	0.108	0.104	0.101	0.099	0.100	0.093
RL	0.131	0.131	0.126	0.125	0.122	0.114	0.109	0.108	0.107
	1985Q4	1986Q1	1986Q2	1986Q3	1986Q4	1987Q1	1987Q2	1987Q3	1987Q4
RS	0.086	0.087	0.080	0.077	0.079	0.081	0.084	0.085	0.084
RL	0.103	0.098	0.086	0.084	0.085	0.085	0.087	0.095	0.096
	1988Q1	1988Q2	1988Q3	1988Q4	1989Q1	1989Q2	1989Q3	1989Q4	1990Q1
RS	0.074	0.073	0.080	0.085	0.095	0.097	0.101	0.111	0.112
RL	0.090	0.089	0.090	0.090	0.094	0.096	0.096	0.101	0.108
	1990Q2	1990Q3	1990Q4	1991Q1	1991Q2	1991Q3	1991Q4	1992Q1	1992Q2
RS	0.106	0.105	0.110	0.111	0.104	0.105	0.107	0.108	0.110
RL	0.108	0.109	0.110	0.106	0.101	0.101	0.099	0.096	0.097
	1992Q3	1992Q4	1993Q1	1993Q2	1993Q3	1993Q4	1994Q1	1994Q2	1994Q3
RS	0.119	0.114	0.107	0.091	0.081	0.074	0.068	0.064	0.064
RL	0.101	0.100	0.094	0.090	0.080	0.073	0.070	0.079	0.087
	1994Q4	1995Q1	1995Q2	1995Q3	1995Q4	1996Q1	1996Q2	1996Q3	1996Q4
RS	0.065	0.070	0.072	0.067	0.066	0.057	0.052	0.050	0.046
RL	0.091	0.093	0.089	0.085	0.082	0.076	0.075	0.073	0.065
	1997Q1	1997Q2	1997Q3	1997Q4	1998Q1	1998Q2	1998Q3	1998Q4	1999Q1
RS	0.045	0.044	0.043	0.045	0.042	0.041	0.039	0.036	0.031
RL	0.062	0.062	0.058	0.056	0.051	0.050	0.046	0.041	0.040

第六章 欧元区的宏观经济现状——基于 AWM 数据指标库 / 91

续表

	1999Q2	1999Q3	1999Q4	2000Q1	2000Q2	2000Q3	2000Q4	2001Q1	2001Q2
RS	0.026	0.027	0.034	0.035	0.043	0.047	0.050	0.047	0.046
RL	0.043	0.051	0.053	0.056	0.054	0.054	0.053	0.050	0.052
	2001Q3	2001Q4	2002Q1	2002Q2	2002Q3	2002Q4	2003Q1	2003Q2	2003Q3
RS	0.043	0.034	0.034	0.034	0.034	0.031	0.027	0.024	0.021
RL	0.051	0.048	0.051	0.053	0.048	0.045	0.042	0.040	0.042
	2003Q4	2004Q1	2004Q2	2004Q3	2004Q4	2005Q1	2005Q2	2005Q3	2005Q4
RS	0.021	0.021	0.021	0.021	0.022	0.021	0.021	0.021	0.023
RL	0.044	0.042	0.044	0.042	0.038	0.037	0.034	0.033	0.034

资料来源：AWM 数据指标库第 6 版本，时间跨度 1970 年第一季度至 2005 年第四季度。其中 RS 为短期名义利率，RL 为长期名义利率。

比较 1970 年至 2005 年间短期名义利率与长期名义利率的数据历史轨迹（见图 6.3），可发现两者的变化幅度及趋势极为相似，总体而言都经历了一个期初逐步上升，至 1981 年第三季度达到峰值再转向下降，再往复调整，并趋于不断下降的过程。除部分年份，两者间的趋势变化还体现出较高的同步性，这在某种程度上表明欧元区货币政策执行主体执行操作目标的有效性，达到了使中间目标的有效调整。

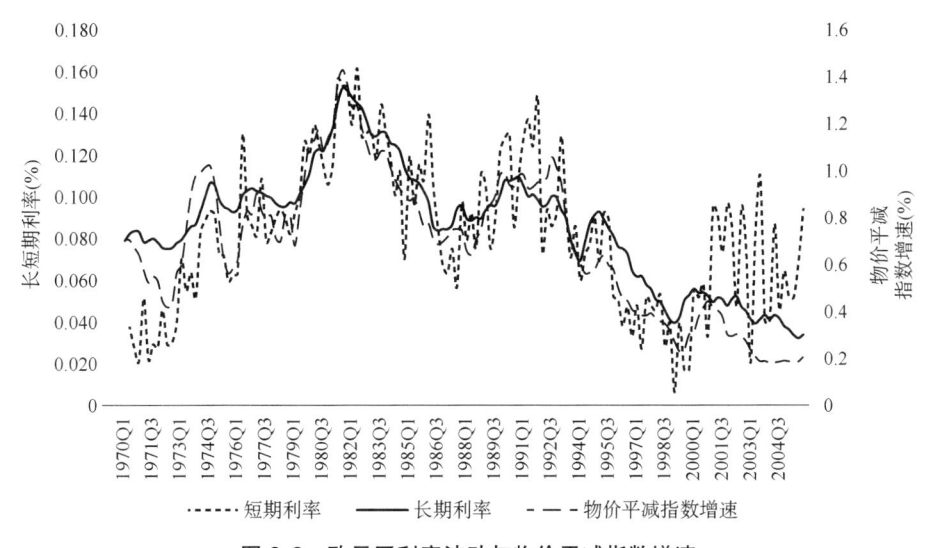

图 6.3 欧元区利率波动与物价平减指数增速

资料来源：AWM 数据指标库第 6 版本，时间跨度 1970 年第一季度至 2005 年第四季度。

此外,从图 6.3 中可以看出,尽管欧元区同期物价平减指数增速较为稳定,波动区间仅为 1.38%,但短期名义利率与长期名义利率的波动与物价平减指数增速也呈现出同步的趋势,这表明欧元区货币政策执行主体的利率政策在紧盯物价水平,保持欧元区宏观经济稳定增长方面得到了较好的执行,且效果明显。

四、欧元区劳动力结构:雇员就业人口比重稳定

伴随着欧元区整体经济的增长,就业雇员人口数量也在 1970 年第一季度至 2005 年第四季度间不断上升,从最初的 8660 万人上升至期末的 1.16 亿人;新增家庭劳动就业人口 1340 万人,约为期初人数的 0.34 倍,36 年来的年均增长率为 0.81%。同期,雇员就业人口总量则略有下降,从期初的 2670 万人减至期末的 2130 万人,绝对数目降低了 540 万人。

表 6.4　欧元区雇员与非雇员就业情况(1970—2005 年)

	1970Q1	1970Q2	1970Q3	1970Q4	1971Q1	1971Q2	1971Q3	1971Q4	1972Q1
L F(千万人)	8.66	8.69	8.72	8.76	8.80	8.83	8.85	8.87	8.91
L E(千万人)	2.67	2.65	2.63	2.61	2.59	2.58	2.54	2.51	2.48
LFS(%)	76.41%	76.62%	76.82%	77.05%	77.29%	77.37%	77.72%	77.96%	78.20%
LES(%)	23.59%	23.38%	23.18%	22.95%	22.71%	22.63%	22.28%	22.04%	21.80%
	1972Q2	1972Q3	1972Q4	1973Q1	1973Q2	1973Q3	1973Q4	1974Q1	1974Q2
L F(千万人)	8.93	8.96	9.02	9.07	9.11	9.16	9.19	9.21	9.22
L E(千万人)	2.47	2.45	2.44	2.43	2.44	2.43	2.43	2.41	2.39
LFS(%)	78.37%	78.50%	78.73%	78.89%	78.92%	79.02%	79.11%	79.24%	79.40%
LES(%)	21.63%	21.50%	21.27%	21.11%	21.08%	20.98%	20.89%	20.76%	20.60%
	1974Q3	1974Q4	1975Q1	1975Q2	1975Q3	1975Q4	1976Q1	1976Q2	1976Q3
L F(千万人)	9.21	9.19	9.16	9.11	9.10	9.12	9.12	9.16	9.20
L E(千万人)	2.39	2.38	2.37	2.35	2.33	2.31	2.32	2.31	2.29
LFS(%)	79.40%	79.43%	79.45%	79.49%	79.59%	79.79%	79.71%	79.88%	80.05%
LES(%)	20.60%	20.57%	20.55%	20.51%	20.41%	20.21%	20.29%	20.12%	19.95%
	1976Q4	1977Q1	1977Q2	1977Q3	1977Q4	1978Q1	1978Q2	1978Q3	1978Q4
L F(千万人)	9.23	9.25	9.24	9.26	9.27	9.27	9.29	9.31	9.33
L E(千万人)	2.27	2.25	2.26	2.21	2.21	2.22	2.22	2.21	2.21
LFS(%)	80.28%	80.40%	80.35%	80.70%	80.73%	80.65%	80.69%	80.78%	80.86%
LES(%)	19.72%	19.60%	19.65%	19.30%	19.27%	19.35%	19.31%	19.22%	19.14%

续表

	1979Q1	1979Q2	1979Q3	1979Q4	1980Q1	1980Q2	1980Q3	1980Q4	1981Q1
LF(千万人)	9.36	9.40	9.45	9.48	9.51	9.50	9.51	9.50	9.49
LE(千万人)	2.21	2.21	2.21	2.21	2.19	2.22	2.22	2.23	2.23
LFS(%)	80.91%	80.99%	81.08%	81.12%	81.29%	81.07%	81.10%	81.02%	80.99%
LES(%)	19.09%	19.01%	18.92%	18.88%	18.71%	18.93%	18.90%	18.98%	19.01%
	1981Q2	1981Q3	1981Q4	1982Q1	1982Q2	1982Q3	1982Q4	1983Q1	1983Q2
LF(千万人)	9.47	9.45	9.44	9.44	9.43	9.39	9.37	9.34	9.32
LE(千万人)	2.22	2.22	2.22	2.21	2.20	2.21	2.21	2.21	2.22
LFS(%)	81.00%	80.98%	80.97%	81.07%	81.04%	80.98%	80.91%	80.86%	80.75%
LES(%)	19.00%	19.02%	19.03%	18.93%	18.96%	19.02%	19.09%	19.14%	19.25%
	1983Q3	1983Q4	1984Q1	1984Q2	1984Q3	1984Q4	1985Q1	1985Q2	1985Q3
LF(千万人)	9.31	9.31	9.30	9.30	9.32	9.32	9.34	9.36	9.38
LE(千万人)	2.23	2.22	2.22	2.20	2.20	2.19	2.18	2.18	2.17
LFS(%)	80.69%	80.76%	80.76%	80.85%	80.88%	80.96%	81.10%	81.13%	81.21%
LES(%)	19.31%	19.24%	19.24%	19.15%	19.12%	19.04%	18.90%	18.87%	18.79%
	1985Q4	1986Q1	1986Q2	1986Q3	1986Q4	1987Q1	1987Q2	1987Q3	1987Q4
LF(千万人)	9.42	9.45	9.49	9.51	9.56	9.58	9.61	9.65	9.68
LE(千万人)	2.17	2.17	2.16	2.17	2.17	2.17	2.17	2.16	2.17
LFS(%)	81.27%	81.35%	81.45%	81.44%	81.51%	81.53%	81.57%	81.69%	81.72%
LES(%)	18.73%	18.65%	18.55%	18.56%	18.49%	18.47%	18.43%	18.31%	18.28%
	1988Q1	1988Q2	1988Q3	1988Q4	1989Q1	1989Q2	1989Q3	1989Q4	1990Q1
LF(千万人)	9.72	9.77	9.81	9.84	9.90	9.96	10.03	10.10	10.18
LE(千万人)	2.18	2.17	2.17	2.16	2.15	2.15	2.14	2.15	2.15
LFS(%)	81.70%	81.80%	81.91%	81.97%	82.13%	82.24%	82.38%	82.43%	82.56%
LES(%)	18.30%	18.20%	18.09%	18.03%	17.87%	17.76%	17.62%	17.57%	17.44%
	1990Q2	1990Q3	1990Q4	1991Q1	1991Q2	1991Q3	1991Q4	1992Q1	1992Q2
LF(千万人)	10.24	10.29	10.35	10.41	10.39	10.35	10.34	10.32	10.30
LE(千万人)	2.15	2.15	2.14	2.14	2.14	2.14	2.13	2.14	2.13
LFS(%)	82.68%	82.72%	82.86%	82.97%	82.92%	82.88%	82.90%	82.82%	82.85%
LES(%)	17.32%	17.28%	17.14%	17.03%	17.08%	17.12%	17.10%	17.18%	17.15%
	1992Q3	1992Q4	1993Q1	1993Q2	1993Q3	1993Q4	1994Q1	1994Q2	1994Q3
LF(千万人)	10.25	10.20	10.18	10.13	10.10	10.08	10.07	10.08	10.10
LE(千万人)	2.13	2.11	2.08	2.07	2.07	2.08	2.07	2.06	2.06
LFS(%)	82.80%	82.83%	83.01%	83.02%	82.96%	82.93%	82.93%	83.00%	83.05%
LES(%)	17.20%	17.17%	16.99%	16.98%	17.04%	17.07%	17.07%	17.00%	16.95%

续表

	1994Q4	1995Q1	1995Q2	1995Q3	1995Q4	1996Q1	1996Q2	1996Q3	1996Q4
LF(千万人)	10.13	10.13	10.15	10.17	10.19	10.18	10.21	10.24	10.26
LE(千万人)	2.06	2.05	2.06	2.06	2.06	2.07	2.06	2.07	2.06
LFS(%)	83.09%	83.14%	83.11%	83.12%	83.19%	83.12%	83.18%	83.21%	83.28%
LES(%)	16.91%	16.86%	16.89%	16.88%	16.81%	16.88%	16.82%	16.79%	16.72%
	1997Q1	1997Q2	1997Q3	1997Q4	1998Q1	1998Q2	1998Q3	1998Q4	1999Q1
LF(千万人)	10.28	10.32	10.36	10.40	10.45	10.52	10.59	10.65	10.71
LE(千万人)	2.06	2.06	2.06	2.06	2.07	2.07	2.08	2.08	2.08
LFS(%)	83.32%	83.37%	83.43%	83.44%	83.47%	83.53%	83.56%	83.67%	83.75%
LES(%)	16.68%	16.63%	16.57%	16.56%	16.53%	16.47%	16.44%	16.33%	16.25%
	1999Q2	1999Q3	1999Q4	2000Q1	2000Q2	2000Q3	2000Q4	2001Q1	2001Q2
LF(千万人)	10.77	10.85	10.92	10.99	11.07	11.14	11.22	11.26	11.30
LE(千万人)	2.07	2.06	2.07	2.08	2.09	2.09	2.09	2.09	2.08
LFS(%)	83.88%	84.02%	84.10%	84.07%	84.14%	84.20%	84.28%	84.37%	84.46%
LES(%)	16.12%	15.98%	15.90%	15.93%	15.86%	15.80%	15.72%	15.63%	15.54%
	2001Q3	2001Q4	2002Q1	2002Q2	2002Q3	2002Q4	2003Q1	2003Q2	2003Q3
LF(千万人)	11.34	11.38	11.41	11.41	11.41	11.41	11.40	11.41	11.42
LE(千万人)	2.08	2.07	2.08	2.08	2.08	2.08	2.10	2.11	2.13
LFS(%)	84.52%	84.59%	84.59%	84.61%	84.60%	84.55%	84.45%	84.38%	84.29%
LES(%)	15.48%	15.41%	15.41%	15.39%	15.40%	15.45%	15.55%	15.62%	15.71%
	2003Q4	2004Q1	2004Q2	2004Q3	2004Q4	2005Q1	2005Q2	2005Q3	2005Q4
LF(千万人)	11.45	11.44	11.47	11.49	11.51	11.54	11.55	11.59	11.62
LE(千万人)	2.13	2.13	2.13	2.14	2.14	2.14	2.14	2.13	2.13
LFS(%)	84.30%	84.30%	84.33%	84.32%	84.31%	84.38%	84.39%	84.50%	84.52%
LES(%)	15.70%	15.70%	15.67%	15.68%	15.69%	15.62%	15.61%	15.50%	15.48%

资料来源：AWM数据指标库第6版本，时间跨度1970年第一季度至2005年第四季度。其中LF为雇员就业人口数量，LE为非雇员就业人口数量，LFS为雇员数量占总就业人口比重，LES为非雇员数量占总就业人口比重。

分析总就业人口的构成，雇员人口数量始终在其中占据着较大比重，在1970年至2005年间均高于75%，尤其后5年来维持在84%左右。非雇员就业人口所占总就业人口比重趋于下降，但总体而言并无较大波动，为15%左右。这表明在劳动力总量不断增加的情况下，欧元区的劳动力结构依然较为稳定，为保持整体经济的稳定式增长起到了促进作用。

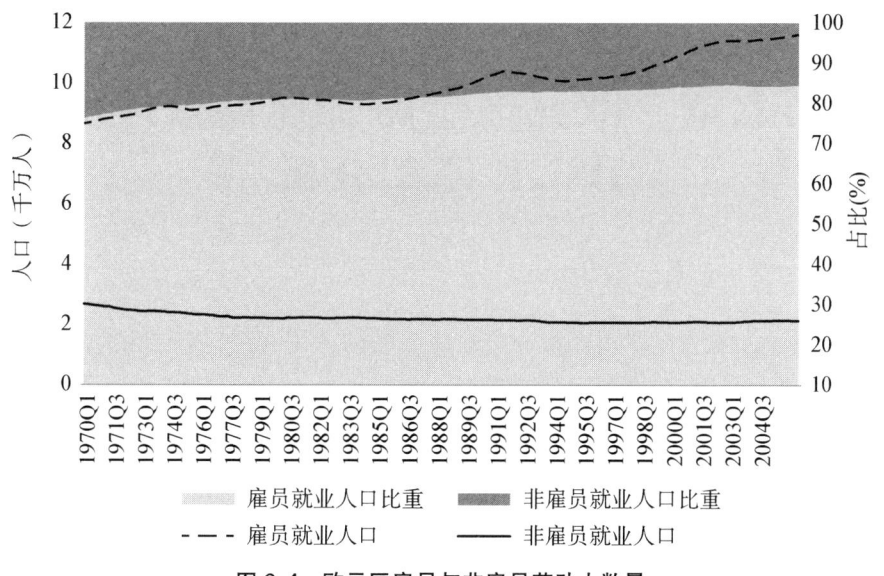

第六章 欧元区的宏观经济现状——基于 AWM 数据指标库 / 95

图6.4 欧元区雇员与非雇员劳动力数量

资料来源：AWM 数据指标库第 6 版本，时间跨度为 1970 年第一季度至 2005 年第四季度。

第七章 欧元区金融加速器效应的 DSGE 模型分析

在前文对欧元区货币政策冲击效应问题的总体背景、数理经济学理论基础(金融加速器效应)以及宏观数据的分析基础上,本章将建立随机动态一般均衡模型(DSGE),并通过模拟的方式演绎货币政策冲击效应对欧元区整体产出的影响程度,检验金融加速器效应所表征的"小冲击,大波动"现象是否可以通过模拟的方式得到验证。具体分为模型设定、模型的对数线性化与参数校准、模型的政策模拟三个部分。

第一节 模型设定

正如本书第三章对分析工具的重点论述,DSGE 模型的最大特点是将宏观经济学问题分解为微观领域各个市场主体局部均衡基础上的一般均衡优化过程,同时兼具"随机性"与"动态性",将数理经济学与计量经济学的特点结合起来,最大限度达到了现代西方经济学实证方法的内在一致性。因此,作为 DSGE 分析的第一步,模型设定显得极为重要。

需要指出的是,随着 DSGE 模型在近年来的广泛使用,其分析框架已从最早的 RBC 基本框架不断演化,发展至后来的 BGG、CEE、SW、CMR。但鉴于实际的研究目标以及数据可得性等因素,本研究并没有尝试使用最新的范式,而是与前文经济理论基础部分对金融加速器效应的演绎相一致,在整个模型设定环节依然沿用了伯南克的 BGG 框架(1998),重在试图通过工具对相关问题进行有效的分析,而非追求模型本身的复杂性与技术性。相对于 BGG 框架(1998),本研究修改了政府的行为方程,包括生产商、银行、家庭、零售商、中央银行五个局部市场。

一、基于金融加速器效应的银行与生产商行为模型

基于本研究所关注的核心——检验欧元区货币政策冲击是否具有金融加速器效应,本节将对前文第五章信贷市场均衡部件所揭示金融加速器效应的最优方程进行归纳,主要包括了银行与生产商两个局部市场的均衡。

(一) 银行行为

1. 银行行为约束式

$$\{[1-F(\phi^M)]\phi^M + (1-\tau)\int_0^{\phi^M} \varphi^M dF(\varphi^M)\} \cdot R_{Q+1}^K \cdot Z_Q \cdot K_{Q+1}^M$$
$$= R_{Q+1}(Z_Q \cdot K_{Q+1}^M - NW_{Q+1}^M) \tag{7.1}$$

该式就是第五章的式 5.8,左边表示银行的期望贷款收益,右边为贷款的市场利息总额,形成银行的行为约束方程。

2. 银行可获得的期望贷款收益比重式

$$þ(\phi^M) - \tau \mathcal{E}(\phi^M) = \phi^M \int_{\phi^M}^{\infty} \varphi^M + \int_0^{\phi^M} \varphi^M f(\varphi^M) d\varphi^M - \tau \int_0^{\phi^M} \varphi^M f(\varphi^M) d\varphi^M \tag{7.2}$$

该式表明银行可获得的期望贷款收益比重为 ϕ^M 的函数,经过前文证明存在一个 ϕ^{M*},使可获得的期望贷款收益比重取得最大值(先增后减)。

(二) 生产商行为

1. 生产商生产函数

$$Y_Q^{EP} = A_Q K_Q^\alpha L_Q^{1-\alpha} \tag{7.3}$$

其中的 α 为资本的生产弹性。

该式沿用了经典的柯布道格拉斯生产函数,表明在规模报酬不变情况下产出 Y_Q^{EP} 与技术进步 A_Q、资本 K_Q^α 以及所雇用劳动力 $L_Q^{1-\alpha}$ 的关系。

2. 资本决定方程

$$K_{Q+1} = \Gamma(I_Q/K_Q) \cdot K_Q + (1-\varsigma) \cdot K_Q \tag{7.4}$$

该式表明了 $Q+1$ 期资本 K_{Q+1} 与前期投资 I_Q、前期资本 K_Q、折旧率 ς 的变动影响关系。

3. 单位资本价格决定方程

$$Z_Q = 1/\Gamma'(I_Q/K_Q) \tag{7.5}$$

该式表明单位资本的价格 Z_Q 与前期投资 I_Q、资本投入 K_Q 之间的变动关系。

4. 企业家消费决定方程

$$C_Q^E = (1-\Theta)/\left[\frac{NW_{Q+1}}{\Theta} - \frac{W_Q^E}{\Theta}\right] \tag{7.6}$$

该式是前文式 5.53 与企业家消费支出占权益收入比重关系式的合并,表明了 Q 期企业家消费支出受到净资产 NW_{Q+1},企业家工资 W_Q^E 及生存比率 $1-\Theta$ 的影响。

5. 信息不对称下的总支出决定式

$$Y_Q^{EP} = C_Q + I_Q + C_Q^E + G_Q + \tau \mathfrak{z}(\phi^M) R_Q^K \cdot Z_{Q-1} \cdot K_Q \tag{7.7}$$

该式表明了在考虑信息不对称条件下将银行审计成本纳入总支出后的总产出方程。Q 期的总产出 Y_Q^{EP} 不仅与消费(包括私人消费 C_Q 与企业家消费 C_Q^E)、投资 I_Q、政府公共支出 G_Q 有关,还需考虑上述信贷市场中产生的审计成本 $\tau \mathfrak{z}(\phi^M) R_Q^K \cdot Z_{Q-1} \cdot K_Q$。这正是信息不对称下宏观经济总量的新均衡。

6. 信贷市场资本需求方程

$$E(R_{Q+1}^K) = \Gamma'(I_Q/K_Q) E\left\{\frac{\alpha A_{Q+1}(L_{Q+1}/K_{Q+1})^{1-\alpha}}{X_{Q+1}} + \frac{(1-\varsigma)}{\Gamma'(I_Q/K_Q)}\right\} \tag{7.8}$$

该式表明社会总资本需求受到了生产商期望资本回报与投资、资本量、劳动力以及技术进步因素等变量的综合影响,是资本需求方程。

7. 信贷市场资本供给方程——金融加速器效应核心机理

$$E(R_{Q+1}^K) = ep\left(\frac{NW_{Q+1}}{Z_Q \cdot K_{Q+1}}\right) R_{Q+1}, \ ep'\left(\frac{NW_{Q+1}}{Z_Q \cdot K_{Q+1}}\right) < 0 \tag{7.9}$$

该式揭示金融加速器效应的核心机理:生产商外部融资溢价与净资产的反向关系。

8. 净资产的决定方程——金融加速器效应加速效应

$$NW_{Q+1} = \Theta \cdot \left[R_Q^K \cdot Z_{Q-1} \cdot K_Q \right.$$

$$- \left(R_Q + \frac{\tau \int_0^{\phi^M} \varphi R_Q^K Z_{Q-1} \cdot K_Q dF(\varphi)}{Z_{Q-1} \cdot K_Q - NW_{Q-1}} \right)$$

$$\left. (Z_{Q-1} \cdot K_Q - NW_{Q-1}) \right] + (1-\alpha)(1-\ddot{r}) A_Q K_Q^\alpha H_Q^{(1-\alpha)\ddot{r}} \quad (7.10)$$

该式揭示金融加速器的加速效应:净资产的决定因素。由于收到需求与产出变动的进一步再作用,净资产受其影响而波动开启了第二轮扩大效应。

二、市场其他经济主体的局部均衡

除上述信贷市场上银行、生产商外,DSGE 模型 BGG 框架(1998)中的市场主体还包括家庭、零售商和中央银行。

由于本研究的分析核心是金融加速器效应,家庭、零售商、中央银行作为其他经济主体,一方面在 BGG 框架中的设定已形成成熟的经典范式,另一方面也并非本研究的核心,因此在下文的设定环节略去了对这三个市场主体行为方程的详细推导过程,而是基于本研究主题将最重要的核心部件予以分析。

(一) 家庭行为

1. 家庭劳动需求函数

$$(1-\alpha)\ddot{r} \frac{Y_Q^{EP}}{H_Q} = X_Q W_Q \quad (7.11)$$

该式表明 Q 期家庭的劳动需求函数,即上文的 5.57 式。

2. 家庭最优选择行为

$$1/C_Q = E_Q[\beta(1/C_{Q+1})] R_{Q-1} \quad (7.12)$$

$$W_Q/C_Q = \tilde{\omega}(1/1 - H_Q) \quad (7.13)$$

$$M_Q/P_Q = \varkappa C_Q [(R_{Q+1}^n - 1)/R_{Q+1}^N]^{-1} \quad (7.14)$$

上述三式为家庭在总体收入约束情况下(实际可支配收入为工资、红利、利息、储蓄、税收等变量的代数和)可获得最大期望收益的一阶条件等式组,分别表明了家庭消费C_Q与前一期市场无风险利率R_{Q-1},消费C_Q与工资W_Q、家庭劳动力数量H_Q,货币数量需求(M_Q/P_Q)与消费C_Q、下一期名义利率R_{Q+1}^n之间的关系。其中β为主观贴现因子,这一数值在下文中还将有所体现。

(二) 零售商行为(价格黏性)

$$P_Q = [\varrho P_Q^{1-3} + (1-\varrho)(P_Q^*)^{1-3}]^{\frac{1}{1-3}} \tag{7.15}$$

如前文所述在模型设定中加入零售商的目的是基于该垄断竞争市场推出需求函数,从而导出价格黏性的市场特性。这方面遵循的是Calvo(1983)的设定,假设零售商运用了分布定价策略,对其期望利润求最大值并结合价格调整因素可进一步得到原价格P_Q与新价格P_Q^*之间的关系等式,其中ϱ表示按照原价格策略的零售商所占比重,$1-\varrho$则是调整为新价格的零售商所占比重。

值得一提的是,该方程实质上是菲利普斯曲线的基础方程,因此对于整体模型宏观系统而言极为重要。

(三) 中央银行行为

1. 泰勒规则

$$R_Q^N = \rho R_{Q-1}^N + \psi \pi_{Q-1} + \varepsilon_Q^{RN} \tag{7.16}$$

2. 麦卡勒姆规则

$$M_Q = \rho_M M_{Q-1} + \varepsilon_Q^M \tag{7.17}$$

3. 货币供给量与产出

$$M_Q/P_Q = Y_Q \tag{7.18}$$

上述三式为中央银行的行为方程,分别表示以利率中心的泰勒规则、以货币供给量为中心的麦卡勒姆规则,以及实际货币供给量M_Q/P_Q与总产出Y_Q^{EP}之间的关系,前两式均已是线性化的方程。

(四) 市场其他行为

$$A_Q = \rho_A A_{Q-1} + \varepsilon_Q^A \tag{7.19}$$

$$G_Q = \rho_G G_{Q-1} + \varepsilon_Q^G \tag{7.20}$$

式 7.19、式 7.20 表明了宏观经济受到的技术冲击与政府支出冲击。

$$R_Q^N / P_Q = R_Q \tag{7.21}$$

此外,式 7.21 则刻画了市场名义利率与实际无风险利率之间的关系。

第二节 模型的对数线性化与参数校准

在模型设定之后,针对研究对象及模型特征按照上文介绍的 DSGE 分析方法将对所建立的模型进行对数线性化处理以进行求解,并根据经典文献及 AWM 数据库的历史数据进行模型参数的校准工作,为下一步政策模拟做好准备。

一、DSGE 模型的总体构成

根据前文的推导,本研究 DSGE 的原始模型按照宏观系统重新整理如下:

(一) 总需求

$$Y_Q^{EP} = C_Q + I_Q + C_Q^E + G_Q + \tau \Im(\phi^M) R_Q^K \cdot Z_{Q-1} \cdot K_Q \tag{7.7}$$

$$1/C_Q = E_Q[\beta(1/C_{Q+1})]R_{Q-1} \tag{7.12}$$

$$C_Q^E = (1-\Theta)/\left[\frac{NW_{Q+1}}{\Theta} - \frac{W_Q^E}{\Theta}\right] \tag{7.6}$$

$$E(R_{Q+1}^K) = ep\left(\frac{NW_{Q+1}}{Z_Q \cdot K_{Q|1}}\right)R_{Q+1}, \; ep'\left(\frac{NW_{Q+1}}{Z_Q \cdot K_{Q+1}}\right) < 0 \tag{7.9}$$

$$E(R_{Q+1}^K) = \Gamma'(I_Q/K_Q)E\left\{\frac{\alpha A_{Q+1}(L_{Q+1}/K_{Q+1})^{1-\alpha}}{X_{Q+1}} + \frac{(1-\Im)}{\Gamma'(I_Q/K_Q)}\right\} \tag{7.8}$$

$$Z_Q = 1/\Gamma'(I_Q/K_Q) \tag{7.6}$$

(二) 总供给

$$Y_Q^{EP} = A_Q K_Q^{\alpha} L_Q^{1-\alpha} \tag{7.4}$$

$$W_Q / C_Q = \bar{\omega}(1/1 - H_Q) \tag{7.13}$$

$$(1-\alpha)\ddot{T} \frac{Y_Q^{EP}}{H_Q} = X_Q W_Q \tag{7.11}$$

$$P_Q = [\varrho P_Q^{1-3} + (1-\varrho)(P_Q^*)^{1-3}]^{\frac{1}{1-3}} \tag{7.15}$$

(三) 稳态变量的路径

$$K_{Q+1} = \Gamma(I_Q / K_Q) \cdot K_Q + (1-\varsigma) \cdot K_Q \tag{7.5}$$

$$NW_{Q+1} = \Theta \cdot \Bigg[R_Q^K \cdot Z_{Q-1} \cdot K_Q$$

$$- \left(R_Q + \frac{\tau \int_0^{\phi^M} \varphi R_Q^K Z_{Q-1} \cdot K_Q \mathrm{d}F(\varphi)}{Z_{Q-1} \cdot K_Q - NW_{Q-1}} \right)$$

$$(Z_{Q-1} \cdot K_Q - NW_{Q-1}) \Bigg] + (1-\alpha)(1-\ddot{T}) A_Q K_Q^{\alpha} H_Q^{(1-\alpha)\ddot{T}} \tag{7.10}$$

(四) 货币政策冲击、技术冲击、政府支出冲击与其他变量决定

$$R_Q^N = \rho R_{Q-1}^N + \psi \pi_{Q-1} + \varepsilon_Q^{RN} \tag{7.16}$$

$$M_Q = \rho_M M_{Q-1} + \varepsilon_Q^M \tag{7.17}$$

$$A_Q = \rho_A A_{Q-1} + \varepsilon_Q^A \tag{7.19}$$

$$G_Q = \rho_G G_{Q-1} + \varepsilon_Q^G \tag{7.20}$$

$$M_Q / P_Q = Y_Q \tag{7.18}$$

$$R_Q^N / P_Q = R_Q \tag{7.21}$$

二、DSGE 模型的对数线性化

对上述模型进行对数线性化处理,可得:

(一) 总需求

$$y_Q = (C/Y)c_Q + (I/Y)i_Q + (C^E/Y)c_Q^e + (G/Y)g_Q$$
$$+ \tau \mathcal{G}(\phi)R^k ZK/Y(r_Q^k + z_{Q-1} + k_Q) \quad (7.22)$$

$$c_Q = -r_{Q+1} + E_Q(c_Q + 1) \quad (7.23)$$

$$c_Q^e = nw_{Q+1} - w_Q^e \quad (7.24)$$

$$E(r_{Q+1}^k) - r_{Q+1} = -\left[\frac{\varrho(R^k/R)}{\varrho'(R^k/R)}\right][nw_{Q+1} - (z_Q + k_{Q+1})] \quad (7.25)$$

$$E(r_{Q+1}^k) = \alpha Y/R^K ZKX(y_{Q+1} - k_{Q+1} - x_{Q+1}) + (1-\varsigma)z_{Q+1}/R^k - z_Q \quad (7.26)$$

$$z_Q = \left[\frac{\Gamma'(I/K)}{\Gamma''(I/K)}\right](i_Q - k_t) \quad (7.27)$$

(二) 总供给

$$y_Q = a_Q + \alpha k_Q + (1-\alpha)\ddot{\Upsilon}h_Q \quad (7.28)$$

$$y_Q - h_Q - x_Q - c_Q = \epsilon^{-1} h_Q \quad (7.29)$$

$$\pi_Q = [(1-\varrho)(1-\varrho\beta)/\varrho](-x_Q) + \beta E_Q(\pi_{Q+1}) \quad (7.30)$$

(三) 稳态变量的路径

$$k_t = \varsigma i_Q + (1-\varsigma)k_t \quad (7.31)$$

$$nw_{Q+1} = \Theta \cdot RK/NW(r_Q^k - r_Q) + r_Q + nw_Q + \xi_Q^{n①} \quad (7.32)$$

(四) 货币政策冲击、技术冲击、政府支出冲击与其他变量决定

$$r_Q^n = \rho r_{Q-1}^n + \psi \pi_{Q-1} + \varepsilon_Q^m \quad (7.33)$$

$$m_Q = \rho_m m_{Q-1} + \varepsilon_Q^m \quad (7.34)$$

---

① $\xi_Q^n = \left(\frac{R^k}{R} - 1\right)K/NW(r_Q^k + z_{Q-1} + k_Q) + (1-\alpha)(1-\ddot{\Upsilon})Yy_Q/NW$。

$$a_Q = \rho_a a_{Q-1} + \varepsilon_Q^a \tag{7.35}$$

$$g_Q = \rho_g g_{Q-1} + \varepsilon_Q^g \tag{7.36}$$

$$m_Q = \pi_Q + y_Q \tag{7.37}$$

$$r_Q^n = \pi_Q + r_Q \tag{7.38}$$

以上17个方程就是DSGE模型线性化后的标准式。

三、模型的参数校准

本研究对DSGE模型的参数估计方法采用了较为普遍的校准(Calibration)方法。根据第六章介绍的AWM数据指标库(1970—2005年季度数据),并参考克里斯蒂阿诺、莫特和罗斯塔格诺2007年对欧元区DSGE模型模拟的相关估计参数,对本研究线性模型中的参数做以下校准。

具体而言,消费占总产出比重C/Y为0.53,投资占总产出比重I/Y为0.21,政府支出占总产出比重G/Y为0.23,企业家支出占总产出比重C^E/Y为0.06,企业资本收益比重RKZ/Y为0.36,生产商收益所占比重$\varsigma(\phi)$为0.0096,$\left[\dfrac{Q(R^k/R)}{Q'(R^k/R)}\right]=1.453$,资本所占比重$\alpha$为0.36,消费者贴现率$\beta$为0.999,资本折旧率$\varsigma$为0.02,批发与零售价格比例$X$为1.01,资本品边际变化率$\mu=\left[\dfrac{\Gamma'(I/K)}{\Gamma''(I/K)}\right]$为0.25,家庭劳动所占比重$\ddot{Y}$为0.01,通货膨胀水平的价格弹性$e\pi=[(1-\varrho)(1-\varrho\beta)/\varrho]$为0.0916,企业存活率$1-\Theta$为$1-0.22=0.78$,资本与净资产的比重$K/NW$为1.917,外部融资溢价$R^k-R$为0.02,市场平均回报率$R^k$为4.2。三种冲击系数分别为:利率冲击$\rho$为0.8601,货币量冲击$\rho_m$为0.8001,技术冲击$\rho_a$为0.9816,政府支出冲击$\rho_g$为0.9009,利率对价格的敏感系数$\psi$为0.11。

表7.1　　　　　　　　模型参数校准值(1970—2005年)

参数字母	含义	校准值	参数字母	含义	校准值
C/Y	消费支出比重	0.53	μ	资本品边际变化率	0.25
I/Y	投资支出比重	0.21	$e\pi$	通货膨胀的价格弹性	0.0916

续表

参数字母	含义	校准值	参数字母	含义	校准值
G/Y	政府支出比重	0.23	ς	资本折旧率	0.02
C^E/Y	企业家支出比重	0.06	R^k	市场平均回报率	4.2
RKZ/Y	企业家资本收益比重	0.36	R^k-R	外部融资差价	0.02
$\delta(\phi)$	生产商收益占比	0.00096	ρ	利率冲击系数	0.8601
X	批发与零售价格比例	1.01	ρ_m	货币量冲击系数	0.8001
$\ddot{Y}$	家庭劳动所占比重	0.01	ρ_a	技术冲击系数	0.9816
α	资本比重	0.36	ρ_g	政府支出冲击系数	0.9009
β	消费者贴现率	0.999	ψ	利率敏感系数	0.11
K/NW	资本与净资产比重	1.917	$\dfrac{Q(R^k/R)}{Q'(R^k/R)}$		1.453
Θ	企业每期破产比率	0.22			

资料来源：根据 AWM 数据指标库并结合克里斯蒂阿诺、莫特和罗斯塔格诺 2007 年的文献《Financial Factors in Business Cycles》计算修正。

第三节 模型的政策模拟分析

在上文对建模及参数估计的基础上，本节的主要任务是对欧元区货币政策冲击进行数值模拟，分析宏观经济各主要变量受到冲击的影响程度，并以此评估本研究所运用的 DSGE 模型是否适用于研究欧元区货币政策冲击效应。在研究工具选择上，本节使用的是 Matlab 7.11.0(R2010b 版本)，同时安装了针对 DSGE 模型研究的 Dynare 软件包。

一、欧元区货币政策冲击模拟分析：金融加速器的核心机理

通过软件模拟假设欧元区宏观经济受到 1 个单位的正向的货币政策冲击（利率），相当于利率上升 10 个基点，首先做出调整的是生产商净资产。由图 7.1 可看出，货币政策的冲击引起生产商净资产迅速下降至最低值 0.16%，紧随其后，信贷市场的外部融资溢价也随之波动上升至 0.06%（见图 7.2）。

脉冲响应分析

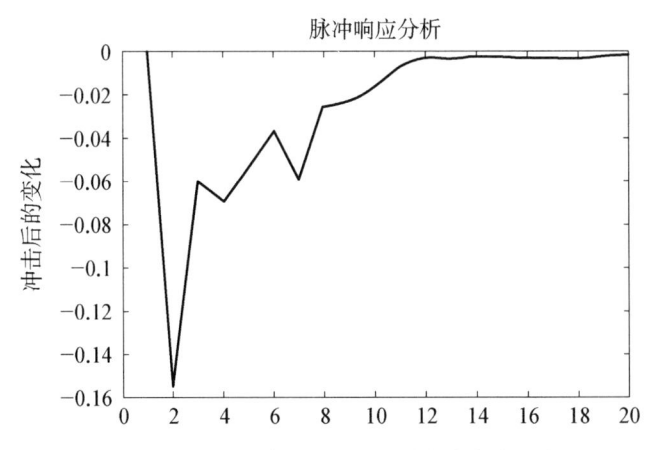

图 7.1　货币政策冲击(利率)对净资产的影响

注：根据模型设定经 Matlab 7.11.0 软件生成。

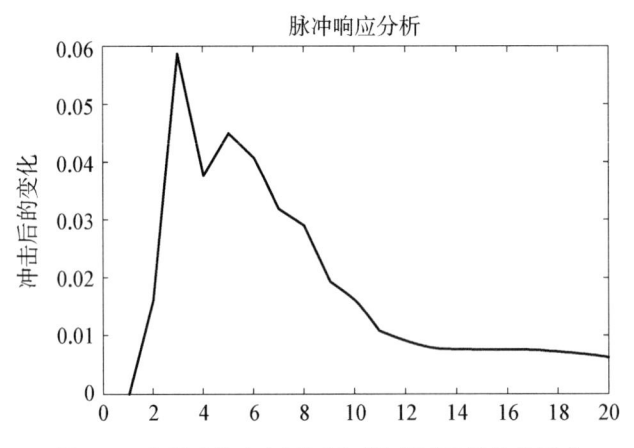

脉冲响应分析

图 7.2　货币政策冲击(利率)对外部融资溢价的影响

注：根据模型设定经 Matlab 7.11.0 软件生成。

上述模拟结果所展现的货币政策冲击(利率上升)—净资产下降—外部融资溢价上升的传导效应恰恰印证了本研究理论基础金融加速器效应的核心机理：企业净资产与外部融资溢价的反向关系——利率的上调通过资产价格及现金流两种渠道作用于企业净资产并使之下降。在信息不对称的实际经济中，企业净资产降低会经逆向选择和道德风险效应造成外部融资溢价的上升，金融加速器的核心机理由此揭示，与理论演绎完全一致。

二、欧元区货币政策冲击模拟分析:金融加速器的加速效应

货币政策冲击传导到信贷市场并作用于外部融资溢价后,并未就此停止。融资成本的上升将直接造成生产商企业投资的成本增加,进而压缩投资支出。如图 7.3、图 7.4 所体现,企业投资的支出由于 1 个单位利率冲击并经企业资

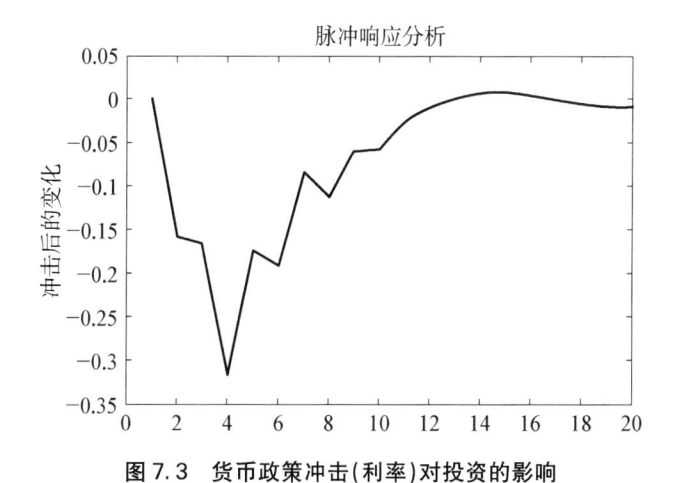

图 7.3 货币政策冲击(利率)对投资的影响

注:根据模型设定经 Matlab 7.11.0 软件生成。

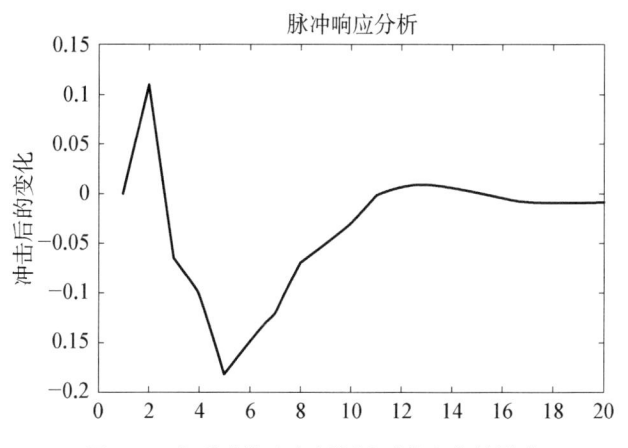

图 7.4 货币政策冲击(利率)对总产出的影响

注:根据模型设定经 Matlab 7.11.0 软件生成。

产负债表渠道造成融资成本增加后将在第 4 期后下降至 0.33%,而投资的减少将最终作用于总产出使其下降 0.18%。这一波动效应将持续,直至第 12 期后逐步消减。

同样,上述模拟结果所揭示货币政策冲击在总体宏观变量层面的扩散恰好反映了金融加速器理论的加速效应。由政策冲击所触发的"企业净资产—外部融资溢价—投资支出—总产出—企业净资产"联动效应将会不断循环,直至冲击的效力衰减。这一过程根据本研究的 DSGE 模型模拟结果为 12 期。

至此,欧元区货币政策冲击效应给实际产出所造成的波动影响通过本节 DSGE 模型的应用模拟已经完全展现,伯南克提出的金融加速器效应理论在欧元区也同样适用。

第八章 欧元区货币冲击效应检验的再比较——VAR模型检验

在上一章运用DSGE模型对欧元区货币政策冲击效应进行应用模拟的基础上,本章将使用另一分析工具——VAR模型对同期的欧元区数据进行计量检验,旨在用同一研究对象及理论对上述DSGE研究方法进行比较评估。

第一节 VAR模型的变量选取

与DSGE模型类似,VAR模型同样是一种为政策模拟提供评估的经济学分析工具。但该方法并不完全依赖于数理经济学的理论基础,而是以数据本身的动态联系为核心,重在挖掘序列间的变化规律。由于使用便捷且具有开放性,VAR模型在近些年得到广泛应用,尤其在评估政策冲击方面具有较好的解释力。本章运用VAR模型主旨在于比较与DSGE模型的政策模拟结果,因此不再对VAR模型本身进行展开。

在变量选取上,本章以GDP(Y)、消费(C)、投资(I)、政府支出(G)、企业净资产(NW)和短期利率(R)六个宏观变量为核心构成VAR模型的主体。导入的数据是本书第六章AWM数据指标库从1970年到2005年间的欧元区季度序列数据(已调整过季节因素)。在软件使用上,本节所使用的是Eview 6.0版本。

第二节 VAR模型的检验分析

一、单位根检验

首先对上述六组宏观变量的时间序列进行单位根检验:

表 8.1　　VAR 模型的单位根检验

变量	Y	LNY	DLNY	C	LNC	DLNC	I	LNI	DLNI
T	0.291632	−1.94638	−8.49328	−0.41683	−1.69321	−10.0913	0.564087	0.134032	−6.36462
P	0.9772	0.3104	0	0.902	0.4325	0	0.9883	0.9673	0

变量	G	LNG	DLNG	NW	LNNW	DLNNW	R	LNR	DLNR
T	−1.62261	−2.39308	−3.16516	−1.54787	−1.80437	−4.42614	−1.67896	−1.14974	−7.10486
P	0.4684	0.3815	0.0242	0.5066	0.3772	0.0004	0.4397	0.6949	0

注：根据 Eview 6.0 相关程序整理。

表 8.2　　检验参考的标准

1% level	−3.476472	10% level	−2.577591
5% level	−2.881685		

注：根据 Eview 6.0 相关程序整理。

由上述结果可知，上述六组宏观变量的时间序列本身并不平稳，通过取对数做一阶差分后同阶平稳，判断可能具有协整关系。

二、协整检验(Johansan)

通过确定秩检验统计量的方式判断上述宏观变量间的协整关系。

由表 8.3 可知，迹统计量(Trace)在 0.05 的置信水平上存在 2 个协整关系；最大特征根(Maximum Eigenvalue)在 0.05 的置信水平上存在 1 个协整关系。

表 8.3　　协整检验(Johansan)过程

Lags interval (in first differences): 1 to 4

Unrestricted Cointegration Rank Test (Trace)

Hypothesized No. of CE(s)	Eigenvalue	Trace Statistic	0.05 Critical Value	Prob.**
None*	0.283778	123.8280	95.75366	0.0002
At most 1*	0.196289	77.43477	69.81889	0.0109
At most 2	0.139859	47.06111	47.85613	0.0593

第八章 欧元区货币冲击效应检验的再比较——VAR模型检验

续表

No. of CE(s)	Eigenvalue	Statistic	Critical Value	Prob.
At most 3	0.086820	26.11954	29.79707	0.1252
At most 4	0.079369	13.49522	15.49471	0.0979
At most 5	0.014289	2.000549	3.841466	0.1572

Trace test indicates 2 cointegrating eqn(s) at the 0.05 level

* denotes rejection of the hypothesis at the 0.05 level

** MacKinnon-Haug-Michelis (1999) p-values

Unrestricted Cointegration Rank Test (Maximum Eigenvalue)

Hypothesized No. of CE(s)	Eigenvalue	Max-Eigen Statistic	0.05 Critical Value	Prob.**
None*	0.283778	46.39326	40.07757	0.0086
At most 1	0.196289	30.37366	33.87687	0.1238
At most 2	0.139859	20.94157	27.58434	0.2798
At most 3	0.086820	12.62432	21.13162	0.4874
At most 4	0.079369	11.49467	14.26460	0.1311
At most 5	0.014289	2.000549	3.841466	0.1572

Max-eigenvalue test indicates 1 cointegrating eqn(s) at the 0.05 level

* denotes rejection of the hypothesis at the 0.05 level

** MacKinnon-Haug-Michelis (1999) p-values

Unrestricted Cointegrating Coefficients (normalized by b′*S11*b=I):

LNY	LNC	LNI	LNG	LNNW	LNR
61.68249	−264.1263	74.35013	109.7450	52.70981	1.790379
108.8681	173.7049	−75.93678	−188.6729	−49.24974	3.689233
−158.8778	139.9602	6.739044	10.03118	−14.67384	−2.965900
64.46583	−59.93873	4.538179	−1.624921	−15.90859	−0.008730
73.38023	−141.2383	0.145218	55.42018	12.91388	−2.331406
35.40205	13.97320	−13.55479	−39.96581	6.786707	−1.387920

Unrestricted Adjustment Coefficients (alpha):

D(LNY)	−0.000638	0.000365	0.001424	0.000158	0.000378	2.46E-05
D(LNC)	0.000316	0.000335	0.000734	1.53E-05	0.001133	8.83E-05
D(LNI)	−0.004466	0.000664	0.001555	−0.000554	0.001100	0.000307
D(LNG)	0.000394	0.001609	8.68E-05	−0.000179	−9.39E-05	0.000162
D(LNNW)	−8.76E-05	−0.000197	0.000299	0.000920	−0.000175	0.000177
D(LNR)	0.003038	−0.016038	0.009783	−0.008123	−0.005560	0.004849

续表

1 Cointegrating Equation(s): Log likelihood 2 996.367
Normalized cointegrating coefficients (standard error in parentheses)

LNY	LNC	LNI	LNG	LNNW	LNR
1.000 000	−4.282 031	1.205 368	1.779 192	0.854 534	0.029 026
	(0.845 39)	(0.254 97)	(0.537 61)	(0.185 83)	(0.011 29)

Adjustment coefficients (standard error in parentheses)

D(LNY)	−0.039 344
	(0.024 84)
D(LNC)	0.019 481
	(0.026 83)
D(LNI)	−0.275 489
	(0.056 63)
D(LNG)	0.024 322
	(0.023 16)
D(LNNW)	−0.005 404
	(0.021 06)
D(LNR)	0.187 415
	(0.402 56)

2 Cointegrating Equation(s): Log likelihood 3 011.554
Normalized cointegrating coefficients (standard error in parentheses)

LNY	LNC	LNI	LNG	LNNW	LNR
1.000 000	0.000 000	−0.180 948	−0.779 596	−0.097 600	0.032 567
		(0.037 80)	(0.036 35)	(0.038 58)	(0.006 28)
0.000 000	1.000 000	−0.323 752	−0.597 564	−0.222 356	0.000 827
		(0.013 40)	(0.012 89)	(0.013 68)	(0.002 23)

Adjustment coefficients (standard error in parentheses)

D(LNY)	0.000 383	0.231 862
	(0.050 21)	(0.126 85)
D(LNC)	0.055 935	−0.025 251
	(0.054 28)	(0.137 14)
D(LNI)	−0.203 222	1.294 957
	(0.114 62)	(0.289 57)
D(LNG)	0.199 459	0.175 292

续表

	(0.043 01)	(0.108 65)				
D(LNNW)	−0.026 884	−0.011 134				
	(0.042 65)	(0.107 75)				
D(LNR)	−1.558 564	−3.588 323				
	(0.794 51)	(2.007 28)				

3 Cointegrating Equation(s): Log likelihood 3 022.025
Normalized cointegrating coefficients (standard error in parentheses)

LNY	LNC	LNI	LNG	LNNW	LNR
1.000 000	0.000 000	0.000 000	−1.014 055	−0.090 295	0.048 817
			(0.045 39)	(0.096 86)	(0.010 64)
0.000 000	1.000 000	0.000 000	−1.017 058	−0.209 286	0.029 900
			(0.056 04)	(0.119 58)	(0.013 14)
0.000 000	0.000 000	1.000 000	−1.295 726	0.040 369	0.089 800
			(0.174 24)	(0.371 81)	(0.040 85)

Adjustment coefficients (standard error in parentheses)

D(LNY)	−0.225 853	0.431 161	−0.065 539
	(0.076 50)	(0.130 77)	(0.040 28)
D(LNC)	−0.060 609	0.077 416	0.002 997
	(0.086 62)	(0.148 07)	(0.045 61)
D(LNI)	−0.450 261	1.512 581	−0.371 994
	(0.182 87)	(0.312 62)	(0.096 29)
D(LNG)	0.185 675	0.187 435	−0.092 258
	(0.069 49)	(0.118 79)	(0.036 59)
D(LNNW)	−0.074 360	0.030 690	0.010 483
	(0.068 70)	(0.117 44)	(0.036 17)
D(LNR)	−3.112 933	−2.219 033	1.509 677
	(1.270 55)	(2.172 03)	(0.669 02)

4 Cointegrating Equation(s): Log likelihood 3 028.337
Normalized cointegrating coefficients (standard error in parentheses)

LNY	LNC	LNI	LNG	LNNW	LNR
1.000 000	0.000 000	0.000 000	0.000 000	−2.760 008	−0.158 427
				(0.667 92)	(0.102 68)
0.000 000	1.000 000	0.000 000	0.000 000	−2.886 905	−0.177 958

续表

	LNY	LNC	LNI	LNG	LNNW	LNR
					(0.674 53)	(0.103 70)
	0.000 000	0.000 000	1.000 000	0.000 000	−3.370 902	−0.175 010
					(0.880 96)	(0.135 43)
	0.000 000	0.000 000	0.000 000	1.000 000	−2.632 710	−0.204 371
					(0.663 15)	(0.101 95)

Adjustment coefficients (standard error in parentheses)

D(LNY)	−0.215 692	0.421 713	−0.064 824	−0.124 823
	(0.080 23)	(0.132 62)	(0.040 28)	(0.082 59)
D(LNC)	−0.059 625	0.076 501	0.003 066	−0.021 184
	(0.090 91)	(0.150 28)	(0.045 65)	(0.093 58)
D(LNI)	−0.485 958	1.545 771	−0.374 507	−0.598 892
	(0.191 62)	(0.316 76)	(0.096 22)	(0.197 26)
D(LNG)	0.174 166	0.198 136	−0.093 068	−0.259 086
	(0.072 85)	(0.120 42)	(0.036 58)	(0.074 99)
D(LNNW)	−0.015 069	−0.024 437	0.014 657	0.029 115
	(0.069 73)	(0.115 26)	(0.035 01)	(0.071 78)
D(LNR)	−3.636 606	−1.732 135	1.472 812	3.470 642

5 Cointegrating Equation(s): Log likelihood 3 034.084

Normalized cointegrating coefficients (standard error in parentheses)

LNY	LNC	LNI	LNG	LNNW	LNR
1.000 000	0.000 000	0.000 000	0.000 000	0.000 000	0.111 465
					(0.070 96)
0.000 000	1.000 000	0.000 000	0.000 000	0.000 000	0.104 344
					(0.071 57)
0.000 000	0.000 000	1.000 000	0.000 000	0.000 000	0.154 620
					(0.073 67)
0.000 000	0.000 000	0.000 000	1.000 000	0.000 000	0.053 073
					(0.074 09)
0.000 000	0.000 000	0.000 000	0.000 000	1.000 000	0.097 787
					(0.037 65)

Adjustment coefficients (standard error in parentheses)

D(LNY)	−0.187 985	0.368 384	−0.064 769	−0.103 898	−0.070 120
	(0.084 51)	(0.142 33)	(0.040 11)	(0.084 82)	(0.028 75)
D(LNC)	0.023 479	−0.083 453	0.003 231	0.041 580	0.003 774
	(0.093 16)	(0.156 90)	(0.044 21)	(0.093 51)	(0.031 70)

续表

D(LNI)	−0.405 221	1.390 373	−0.374 347	−0.537 915	−0.267 905
	(0.201 41)	(0.339 20)	(0.095 58)	(0.202 16)	(0.068 53)
D(LNG)	0.167 275	0.211 400	−0.093 082	−0.264 290	−0.058 090
	(0.077 05)	(0.129 77)	(0.036 57)	(0.077 34)	(0.026 22)
D(LNNW)	−0.027 904	0.000 267	0.014 631	0.019 421	−0.016 176
	(0.073 68)	(0.124 09)	(0.034 97)	(0.073 96)	(0.025 07)
D(LNR)	−4.044 631	−0.946 789	1.472 005	3.162 482	0.863 862
	(1.395 57)	(2.350 36)	(0.662 31)	(1.400 77)	(0.474 83)

注：根据 Eview 6.0 相关程序整理。

三、格兰杰因果检验

下文对短期利率 R 与其他变量间的关系进行格兰杰因果检验，各序列值为滞后三期。

由表 8.4 可知，短期利率 R 是净资产(NW)、投资(I)、消费(C)、总产出(Y)的格兰杰原因，但与政府支出(G)不具备格兰杰原因。这一点恰好也与本研究金融加速器效应的理论传导机制相一致。

表 8.4　　　　　　　　　格兰杰因果检验过程

Pairwise Granger Causality Tests
Sample：1970Q1 2005Q4

Null Hypothesis	Obs	F-Statistic	Probability
LNR does not Granger Cause LNC	141	4.135 74	0.007 70
LNC does not Granger Cause LNR		2.999 73	0.032 92
LNR does not Granger Cause LNG	141	0.203 83	0.893 59
LNG does not Granger Cause LNR		1.694 32	0.171 25
LNR does not Granger Cause LNI	141	3.906 49	0.010 32
LNI does not Granger Cause LNR		2.793 94	0.042 81
LNR does not Granger Cause LNNW	141	7.195 08	0.000 16

续表

Null Hypothesis	Obs	F-Statistic	Probability
LNNW does not Granger Cause LNR		1.567 89	0.200 13
LNR does not Granger Cause LNY	141	4.158 05	0.007 48
LNY does not Granger Cause LNR		5.799 47	0.000 93

注：根据 Eview 6.0 相关程序整理。

四、VAR 模型残差的自相关、异方差及正态性检验

对上述生成的 VAR 模型进行其残差的自相关、异方差、正态性检验。

（一）残差的自相关检验（LM 检验）

原假设 H0：残差不存在自相关性。

由表 8.5 可知，"原假设：残差不存在自相关性"没有被拒绝，因此本节设定的 VAR 模型残差不存在自相关性。

表 8.5　　　　VAR 模型残差的自相关检验（LM 检验）

VAR Residual Serial Correlation LM Tests
H0: no serial correlation at lag order h
Sample: 1970Q1 2005Q4
Included observations: 141

Lags	LM-Stat	Prob
1	31.587 63	0.678 5
2	48.583 27	0.078 5
3	24.189 67	0.933 3
4	52.292 35	0.038 8
5	27.089 35	0.858 0
6	33.088 48	0.607 8
7	42.059 30	0.225 1
8	50.049 64	0.059 9
9	35.156 70	0.508 5

续表

Lags	LM-Stat	Prob
10	29.68818	0.7619
11	36.54421	0.4434
12	45.27839	0.1382

Probs from chi-square with 36 df.

注:根据 Eview 6.0 相关程序整理。

(二) 残差的异方差检验(White 检验)

原假设 H0:残差存在异方差。

由表 8.6 可知,"原假设:残差存在异方差"被拒绝,因此本节设定的 VAR 模型残差不存在异方差。

表 8.6　　VAR 模型残差的异方差检验(White 检验)

VAR Residual Heteroskedasticity Tests: Includes Cross Terms
Sample: 1970Q1 2005Q4
Included observations: 141
Joint test:

Chi-sq	df	Prob.
2256.743	2163	0.0785

Individual components:

Dependent	R-squared	F(103,37)	Prob.	Chi-sq(103)	Prob.
res1 * res1	0.837234	1.847771	0.0179	118.0500	0.1475
res2 * res2	0.834873	1.816214	0.0206	117.7171	0.1524
res3 * res3	0.671821	0.735374	0.8846	94.72683	0.7074
res4 * res4	0.648140	0.661703	0.9459	91.38770	0.7866
res5 * res5	0.831079	1.767357	0.0255	117.1822	0.1606
res6 * res6	0.792919	1.375473	0.1360	111.8015	0.2602
res2 * res1	0.827946	1.728635	0.0302	116.7405	0.1676
res3 * res1	0.761039	1.144050	0.3276	107.3065	0.3661
res3 * res2	0.767464	1.185581	0.2829	108.2124	0.3433
res4 * res1	0.801986	1.454912	0.0980	113.0801	0.2337
res4 * res2	0.731296	0.977648	0.5501	103.1127	0.4783
res4 * res3	0.691721	0.806029	0.8018	97.53259	0.6335

续表

Dependent	R-squared	F(103,37)	Prob.	Chi-sq(103)	Prob.
res5 * res1	0.818504	1.620007	0.0485	115.4090	0.1899
res5 * res2	0.786890	1.326397	0.1657	110.9514	0.2788
res5 * res3	0.788415	1.338546	0.1578	111.1664	0.2740
res5 * res4	0.738274	1.013293	0.4977	104.0966	0.4512
res6 * res1	0.837272	1.848278	0.0179	118.0553	0.1474
res6 * res2	0.751316	1.085271	0.3990	105.9355	0.4017
res6 * res3	0.815010	1.582626	0.0570	114.9164	0.1987
res6 * res4	0.776594	1.248714	0.2240	109.4997	0.3121
res6 * res5	0.763445	1.159338	0.3106	107.6457	0.3575

注：根据 Eview 6.0 相关程序整理。

(三) 残差的异方差检验(JB 检验)

原假设 H0：残差服从多元正态分布。

由表 8.7 可知，"原假设：残差服从正态性分布"没有被拒绝，因此本节设定的 VAR 模型残差服从多元正态分布。

表 8.7　　　　VAR 模型残差的正态分布检验(JB 检验)

VAR Residual Normality Tests
Orthogonalization：Cholesky (Lutkepohl)
H0：residuals are multivariate normal
Sample：1970Q1 2005Q4
Included observations：141

Component	Skewness	Chi-sq	df	Prob.
1	−0.367828	3.179481	1	0.0746
2	−0.029318	0.020200	1	0.8870
3	−0.507463	6.051683	1	0.0139
4	−0.135840	0.433636	1	0.5102
5	0.326684	2.507975	1	0.1133
6	0.136351	0.436905	1	0.5086
Joint		12.62988	6	0.0493

续表

Component	Kurtosis	Chi-sq	df	Prob.
1	2.984691	0.001377	1	0.9704
2	2.082060	4.950356	1	0.0261
3	3.001106	7.19E-06	1	0.9979
4	3.327818	0.631356	1	0.4269
5	2.239463	3.398194	1	0.0653
6	2.868470	0.101639	1	0.7499
Joint		9.082928	6	0.1690

注：根据 Eview 6.0 相关程序整理。

第三节　VAR 检验的货币政策冲击脉冲分析

通过上一节的检验分析可知，本章所建立的 VAR 模型以及所采用的 AWM 欧元区宏观数据体现出较好的拟合性，不仅具有一定的协整关系，且短期利率对其他主要变量的影响作用通过了格兰杰因果检验。下文将重点分析欧元区货币政策冲击（利率 R）对企业净资产（NW）、消费（C）、投资（I）和 GDP（Y）的影响。

由图 8.1 可看出，当给予 1 个单位利率的正向冲击时，微观层面企业净资产将在第 3 期下降至 0.14%，在第 8 期左右趋于回复至水平值。反映在宏观总量层面对投资的影响也较为明显，在第 4 期投资将下降至最大的 0.2%，在伴随消费波动后将最终扩散至总产出，引起总产出在第 4、第 5 期左右降至 0.15%，第 9.5 期趋于平缓。

对比本书前一章的 DSGE 模型，虽然 VAR 模型在对欧元区货币政策冲击效应的影响方向及总体结论上与前者基本类似，但对于金融加速器效应的诠释相对不足。这体现在两个方面（对比图 7.1、图 7.2、图 7.3、图 7.4）：(1) 从影响幅度来看，模型中的任一主要宏观变量，无论是企业净资产、投资，还是总产出，受到货币政策冲击的程度要低。(2) 从货币政策冲击的影响时间看，VAR 模型的波动区间大致在 10 期，而 DSGE 模型所模拟的影响期在 12 个左右。

出现这样的区别主要还在于相比 DSGE 模型，VAR 模型缺乏数理经济学

图 8.1 VAR 模型脉冲效应

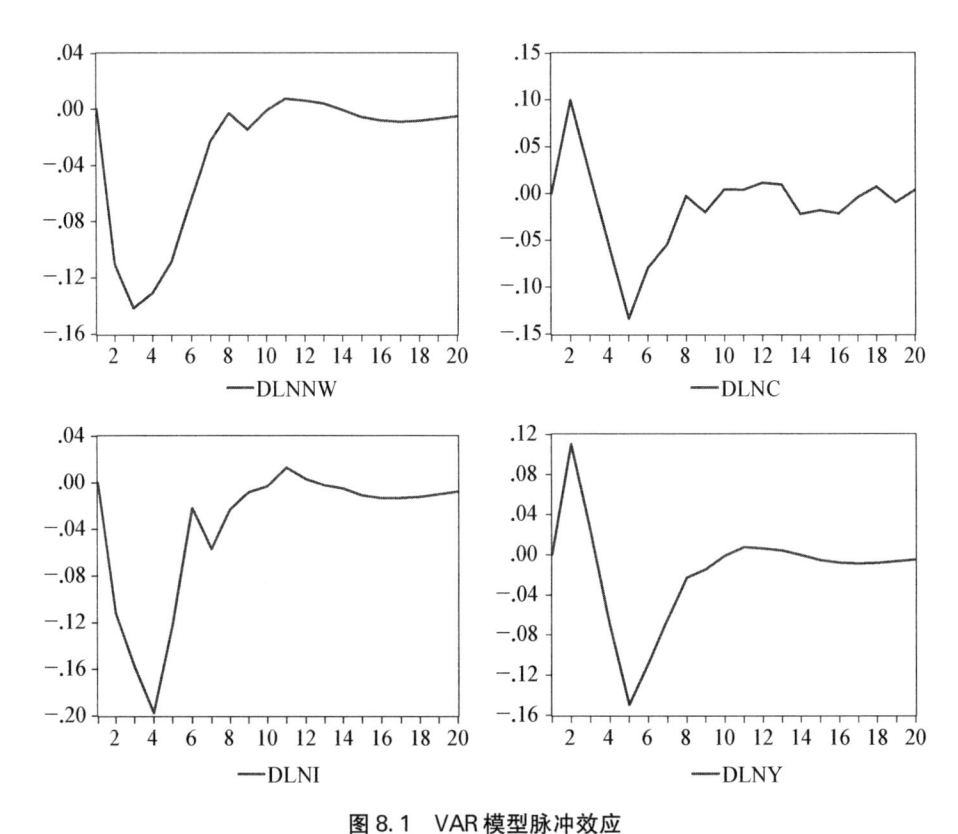

注：根据 Eview 6.0 相关程序整理。

的理论基础，对各宏观变量的关系检验更依赖数据本身，相对而言在不加外生结构性方程的条件下会在分析现实问题时缺乏解释力。而上述缺陷正为 DSGE 模型所极力避免，因此后者体现出一定的优势。

第九章 结论与研究展望

第一节 总结

市场经济体系的两大核心变量：货币与产出，自西方经济学诞生之初就是学科关注的焦点，前沿理论始终围绕经济实践中不断涌现的新现象、新问题而不断发展与演进，在研究对象上形成"是否存在产出效应"—"效应如何传导"—"效应影响程度"的清晰逻辑，跨越了从古典经济学到新凯恩斯主义的数百年历史长河。尤其过去 20 年内先后爆发的美国次贷危机、欧洲主权债务危机虽原因各异，但就演化过程而言均是继 20 世纪 30 年代大萧条后宏观经济"小冲击，大波动"特征的再次显现与强化，货币政策贯穿始终扮演着重要角色。如何更为有效测算货币政策冲击的程度以服务货币当局调控宏观经济，愈发被赋予现实意义。

相较西方学者长期以来对"效应影响程度"的分析，国内研究虽起步较晚，但近年也成果频出。刘斌(2003)首次引入介绍 DSGE 模型在模拟货币政策方面的优点，并强调结合国情自主开发模型的重要性。杜清源和龚六堂(2005)运用 DSGE 的建模思路，将 RBC 模型与金融加速器效应相结合，重点考察剔除价格黏性等因素后技术冲击等因素对宏观波动的影响，开辟了国内成果应用 DSGE 模型的先例。其后，国内陆续出现应用 DSGE 模型考察货币政策冲击效应的成果。曹永琴(2008)将金融加速器效应运用于新凯恩斯框架，重点考察货币政策在不同类型企业、不同地区、不同行业及不同经济周期中所体现的非对称效应。徐高(2008)通过构建 RBC 及新凯恩斯框架两种 DSGE 模型，分别分析在无货币政策冲击及有货币政策冲击条件下中国经济波动效应的大小。仝冰(2010)以 CEE 框架为核心，考察货币、利率与资产价格的联动关系，并运用最大似然、贝叶斯估计的方法较为完整地演绎 DSGE 模型的求解过程，拟合出货币政策冲击效应对经济产出的放大影响。袁申国等(2011)进一步探究中国开放经济中金融加速器的存在性,并比较不同汇率制度对经济波动的影响。

但不可否认,当前理论界对"效应影响程度"的研究依然具有可持续优化之处。主要问题在于部分成果缺乏内在一致的经济学理论基础,传导机制与计量检验部分的逻辑体系脱节,对产出波动的模拟缺乏"精度"。一方面可能因为对计量经济学的依赖,将较多精力集中于经验数据的回归,在检验多角度问题上往往自成体系,相互脱节;另一方面可能因为对变量间内在传导机制的忽视,缺乏数理经济学的支撑。少数成果虽试图构建整体性的传导框架,但常因变量间缺乏统一的假设条件导致内在一致性无法满足。

以"一个欧元区总体"为对象分析货币政策冲击产出效应的实证经济学研究在国内文献中鲜有呈现,一方面是由于缺乏规范的实证经济学研究方法,突出表现在缺乏内在一致的经济学理论基础,或传导机制与计量检验部分逻辑体系的脱节;另一方面在于欧元区宏观数据的制约,原始数据受限于连续性和一致性等原因而无法满足实证分析中数学及计量分析方法的要求。该数据制约问题具体表现为:一是时间维度上缺乏足够的时序数量(仅有年度数据),二是空间维度上如何解决欧元区总量数据的调整问题(如两德统一)。尽管部分成果试图以划分周期的方法弥补,但不可否认相关调整带有极大的主观性。

针对上述难点,本研究严格遵循"从演绎到归纳"的研究框架,尝试以"金融加速器"为数理经济学基础揭示欧元区货币政策冲击产出放大效应的内在传导机制,再将其嵌入 DSGE 模型进行数值模拟并与传统 VAR 的回归检验方法比较分析,以期为该问题的深入研究提供一定的思路及参考。

从分析方法上看,本研究建立在实证经济学基础上,以金融加速器为核心构建 DSGE 模型并进行冲击模拟。通过采用动态优化的方法将市场各微观主体的最优决策行为嵌入宏观经济学的分析框架,不仅有利于以统一的逻辑体系构筑并揭示系统中变量的因果传导机制(即理论基础),还能充分考虑到宏观系统的诸多外生性特征,在政策评估中体现出较好效果,完整展示严谨的实证分析方法及过程。

值得一提的是,为克服欧元区原始总量数据的缺陷,本研究借鉴并采用当前被欧洲央行认可并逐步推广于欧元区宏观经济研究的 AWM(Area - Wide Model)指标库。该数据库以"一个欧元区总体"为核心构建不仅涵盖了自 1970 年以来各个季度的主要宏观指标,并针对异常点(诸如德国政体转换)、季节性因素进行调整,可满足本研究模拟及回归分析的要求。

基于上述规范研究方法及特殊对象的数据支持,本研究的分析紧紧围绕两大研究目标:(1)以金融加速器效应为核心的 DSGE 模型是否适用于欧元区货币政策冲击效应的检验?产出放大程度是多少?(2)针对欧元区特征,使用 DSGE 模型的模拟效果与 VAR 模型检验相比,是否具有相对优势?

一、DSGE 模型对欧元区货币政策冲击产出放大效应的模拟

本研究对货币政策冲击效应的研究基于伯南克(1994)提出的金融加速器理论。该理论建立在新凯恩斯经济学的价格黏性、信息不对称以及委托代理的假设之上,从微观企业信贷行为的角度延伸至宏观经济波动的分析,具体而言又可分为核心机理与加速效应两方面。本研究所建立的 DSGE 模型正是从理论与实践两个层面将欧元区的金融加速器效应全面呈现(见图 5.1)。

(一)核心机理:企业净资产与外部融资溢价反向关系的演绎及验证

微观视角企业净资产与外部融资溢价的反向关系是金融加速器理论的核心机理。在新凯恩斯理论框架下,货币政策冲击的传导从利率(欧元区)调整开始,通过现金流或者资产价格(例如股票价格)会使企业的净资产发生变化。鉴于信息不对称的前提,企业净资产的增减会引起信贷市场上银行的逆向选择以及企业的道德风险频现,导致的结果是表征信贷成本的外部融资溢价调整。尤其需要指出的是,这种情况下企业净资产与外部融资溢价将呈现出反方向变动(见式 5.45)。

本研究所建立 DSGE 模型的模拟部分对上述数理经济学的演绎过程进行了验证:一个单位货币政策的正向冲击(相当于利率 10 个基点的上升)首先会经信贷市场迅速造成企业净资产的下降,在第 2 期使之减至 0.16% 的最低点。这一变化随后将通过资产负债表渠道影响到融资成本并促使外部融资溢价增加,并在第 2.5 期左右达到最大影响程度 0.06%。如此,金融加速器效应的核心机理已得到体现(见图 7.1、图 7.2)。

(二)加速效应:企业总体最优选择引发循环放大效应的演绎及验证

受外部融资溢价的影响,遵循理性行为人假定的企业主体将会调整投资支出,进而造成总产出的波动。单个企业的这种信贷市场最优选择加总即形

成了整体企业的行为。金融加速器理论认为,由上述外部融资溢价变化造成的企业总体投资支出波动、社会总产出增减的冲击效应至此并没有结束,因为总产出变化同样可以直接影响企业的净资产,从而开始新一轮的再冲击效应,并逐步扩散。这种宏观层面的循环放大效应正是该理论加速效应的体现(见式5.46、式5.55、式5.59)。

反映在数值模拟上,上述0.06%外部融资溢价的增加影响投资支出,并在第4期使其降至最低值0.33%,收缩效应极为显著。投资的降低会进一步传导至总产出,并在第4.5期后减至最低值0.18%。其后冲击效应并未终结,由微观到宏观形成的循环波动将持续,直至第12期左右趋于消减。这一模拟过程与理论层面货币政策的传导机制也极为吻合,同时尽可能实现了内在与外在一致性的统一,由此可认为本研究所采用的以金融加速器效应为核心的DSGE模型适用于欧元区货币政策冲击效应的检验。

总体而言,货币政策冲击如同一个触发因素,通过影响企业净资产,造成外部融资溢价增减,启动了金融加速器的内在循环系统,最终形成了宏观经济层面的放大效应。

二、DSGE模型分析欧元区货币政策冲击效应的优势——与VAR模型比较

为评价DSGE模型对欧元区货币政策冲击效应的检验效果,本研究还运用了传统的向量自回归模型(VAR)针对同一对象"一个欧元区总体"、同一问题进行计量验证,以期进行工具使用效果的比较。

以AWM数据指标库为基础,本研究建立了有关利率、企业净资产、消费、投资、GDP的VAR模型。通过基于模型1单位利率的正向冲击分析其对各个其他重要宏观变量的脉冲响应。其中企业净资产最先下降,在第3期降至0.14%的低点,随后扩散至投资支出并促使之迅速减少,在第4期左右降至0.2%。这一连锁反应将最终作用于总产出并在第4、第5期左右达到最小值0.15%,当进入第9.5期后,整个产出效应将趋于平缓。

虽然VAR模型在对欧元区货币政策冲击效应的影响方向及总体结论上基本类似,但对于金融加速器效应的诠释相对不足。出现这样的区别或许在于不加外生结构性条件的VAR模型缺乏数理经济学的理论基础,对各宏观变量的关系检验更依赖数据本身,在分析现实问题时缺乏解释力。上述缺陷为

DSGE模型所避免,因此后者体现出一定的优势。

相对于上述VAR模型的计量检验结果,随DSGE模型在解释欧元区货币政策冲击效应问题时体现出较为明显的优势。由于具有较为深入的数理经济学基础,对政策冲击的模拟结果体现出本研究核心"金融加速器"效应。而VAR虽然在冲击反应的方向上同样符合数理经济学理论的推导,但"加速程度"并不明显。至此可判断针对欧元区货币政策效应命题的研究,使用DSGE模型对实际数据的模拟效果要优于VAR模型。

综上所述,本研究紧密围绕欧元区"小冲击(货币),大波动(产出)"的联动现象,严格遵循"演绎到归纳"的实证经济学逻辑体系,以金融加速器为核心构建DSGE模型并进行数值模拟。通过动态优化的方法将市场各微观主体的最优决策行为嵌入宏观经济学的分析框架,不仅以统一的逻辑体系揭示出经济系统从货币到产出的因果传导机制,而且融入对诸多外生性特征的考量,在与VAR模型的政策模拟比较中体现出较好效果,最终实现了对欧元区货币政策冲击产出放大效应"精度"的较好拟合。

第二节 研究展望

本研究在吸收借鉴国内外有关货币政策冲击效应、金融加速器理论以及DSGE模型等研究成果的基础上,尝试性对欧元区的"小冲击(货币),大波动(产出)"现象进行分析。

但鉴于个人研究能力、时间等方面的制约,本研究对相关问题的探讨还不够深入透彻。本研究建立于模型构建的"一个欧元区总体"经济环境之上,为简化及突出金融加速器效应的传导效应增加了诸多假定前提和约束条件。在实际中欧元区的经济运行极为复杂,尤其是欧元区货币政策的制定上还需考虑各个成员国、ERM过渡国家经济政治等多方面因素,远超出本研究模型的设定。因此下一步的研究应着眼于对现实经济的更深层次拟合,尝试借鉴DSGE前沿融合更多新凯恩斯元素的CMR或NAWM范式,在现实与模型之间找到服务于实践的均衡点。

一、货币政策冲击效应的分析范畴

本研究对货币政策冲击效应的研究具有明确的定义,从行为主体上是指货币政策的利率效应,从行为客体上是指欧元区宏观经济总产出。从更广泛的角度而言,虽然欧元区货币政策冲击的货币总量(M3)当前已非欧洲中央银行货币政策的最主要中介目标,但作为学术研究对其进行分析依然具有一定的意义。此外,货币政策冲击产生的金融加速器效应基于经验理论角度对实体经济的影响并非局限于总产出,不同企业规模、不同产业、不同地区至少在以往的部分文献中都表现出一定的类加速非对称效应。但对后者进一步创新研究的难点在于如何将上述不同层面的影响纳入统一的数理经济学模型体系,如何做到学术研究的内在一致性。实际可能的突破路径不仅要求经济学工具本身的发展,还需要诸如哲学、数学以及计算机等多学科的共同发展及综合应用。

二、金融加速器理论的不断发展

本研究的理论基础金融加速器理论(伯南克,1994)主要是基于信贷市场信息不对称这一前提,聚焦企业层面净资产变动与融资成本的反向关系并以此与宏观经济的总量指标投资支出、总产出相结合,揭示"小冲击,大波动"的传导机制。随着金融实践层面尤其是全球资本市场的不断发展和一体化进程的深入,当今企业的融资方式、融资工具、融资结构、融资效应、融资市场都在以前所未有的速度循序演进乃至变革。定位于诠释传导机制的金融加速器理论同样需以更广泛的视角聚焦市场中其他主体的行为。比如:除了借款方的企业,贷款方的银行在信贷市场中是否受到中央银行政策的类似影响?如果考虑到企业在股票市场、债券市场的行为,加速器效应是否同样存在?相关的问题有待进一步研究。

三、随机动态一般均衡模型(DSGE)的框架扩展

本研究的分析工具虽然采用了 DSGE 模型,严格遵循实证经济学分析的内在一致性,大幅提升了研究方法的科学逻辑性。但不可否认就研究框架本

身而言,本研究主要沿用了伯南克(1998)的 BGG 范式,并没有采用当前随机动态一般均衡模型最新的 CMR(2007)或是 NAWM 框架。基于此,本研究所采用的动态系统对欧元区宏观经济各主体行为的经济学演绎还有提升的空间。此外,如果将全球共同市场的金融加速器效应作为研究对象,则模型的框架需进一步扩展。当然,DSGE 模型的发展不可能一蹴而就,几十年来该分析框架的每一步演进不仅要建立完整的数理经济学内在逻辑,而且模型求解、参数估计方法本身都是经过大量来自不同国家、不同时期经验数据的检验,以尽可能做到内在和外在的一致性。

四、欧元区宏观经济政策建议的适用性

本研究对欧元区货币政策冲击效应的分析基于"一个欧元区总体",除借鉴金融加速器理论及 DSGE 分析工具之外,AWM 数据指标库的运用起到了极大作用。从学术角度而言,这样的分析尽可能达到了内在一致性和外在一致性的统一,具有严格的逻辑体系。但对于实际经济而言,"一个欧元区总体"依然是一个名义的范畴,并不能完全反映当今欧元区经济、金融的实际状况,因此本研究结论就本质而言是建立于一个欧元区 17 国总体之上的宏观经济特征模拟,对于货币政策制定主体的欧洲中央银行而言或许具有某种参考意义但在操作性上值得商榷。欧元区实际的货币政策制定需要考虑各个国家、ERM 过渡国家,以及欧盟整体经济、政治、社会等多方面的因素,就严谨性而言超出本研究的范畴。

参考文献

[1] Barro R J. Unanticipated money, output, and the price level in the United States [J]. The Journal of Political Economy, 1978,86(4):540-580.

[2] Bernanke B S, Gertler M. Agency costs, collateral and business fluctuations [R]. Massachusetts: National Bureau of Economic Research, 1986.

[3] Bernanke B S, Gertler M. Monetary policy and asset price volatility [R]. Massachusetts: National Bureau of Economic Research, 2000.

[4] Bernanke B S, Gertler M. Agency costs, net worth and business fluctuations [J]. American Economic Review, 1989,79(1):10-30.

[5] Bernanke B S, Gertler M. Inside the black box: the credit channel of monetary policy transmission [J]. Journal of Economic Perspectives, 1995,9:27-48.

[6] Bernanke B S, Gertler M, Gilchrist S. The financial accelerator and the flight to quality [J]. Review of Economics and Statistics, 1996,78(1):1-16.

[7] Bernanke B S, Gertler M, Gilchrist S. The financial accelerator in a quantitative business cycle framework [J]. Handbook of Macroeconomics, 1999,1(21):1341-1393.

[8] Bernanke B S, Mishkin F. Central bank behavior and the strategy of monetary policy: observations from six industrialized countries [J]. Social Science Electronic Publishing, 1993,1:183-228.

[9] Christiano, Lawrence J, Eichenbaum, et al. Nominal rigidities and the dynamic effects of a shock to monetary policy [R]. Massachusetts: National Bureau of Economic Research, 2001.

[10] Christoffel K, Coenen G, Warne A. Forecasting with DSGE models [R]. Frankfurt: European Central Bank, 2010.

[11] Cover J P. Asymmetric effects of positive and negative money supply shocks [J]. The Quarterly Journal of Economics, 1992,11:1261-1282.

[12] Dedola L, Lippi F. The monetary transmission mechanism: evidence from the industries of five OECD countries [J]. European Economic Review, 2005,49(6):1543-1569.

[13] Fagan, Gabriel, Henry, et al. an area-wide model (AWM) for the euro area [R]. Frankfurt: European Central Bank, 2010.

[14] Fisher I. The debt-deflation theory of great depressions [J]. Econometrica, 1933,1:

337-357.

[15] Friedman M. The methodology of positive economics [M]. Chicago: University of Chicago Press, 1953.

[16] Friedman M, Schwartz A J. Monetary history of the United States [M]. Princeton: Princeton University Press, 1963.

[17] Fukunaga I. Financial accelerator effects in Japan's business cycles [R]. Tokyo: Bank of Japan, 2002.

[18] Ganley J, Salmon C. The industrial impact of monetary policy shocks: some styled facts [R]. London: Bank of England, 1997.

[19] Gertler M, Simon G. Monetary policy, business cycles, and the behavior of small manufacturing firms [J]. The Quarterly Journal of Economics, 1994, 109(2): 309-340.

[20] Hayo B, Uhlenbrock B. Industry Effects of Monetary Policy in Germany [J]. Macroeconomics, 1999, 11(1): 89-104.

[21] Huchet M. Does single monetary policy have asymmetric real effects in EMU [J]. Journal of Policy Modeling, 2003, 25(2): 151-178.

[22] Mishkin F. The channels of monetary transmission lessons for monetary policy [J]. Banque de France Bulletin Digest, 1996, 3.

[23] Peersman G, Smets F. The Industry effects of monetary policy in the Euro area [J]. The Economic Journal, 2005, 115(503): 319-342.

[24] Peersman G, Smets F. The monetary transmission mechanism in the Euro area [R]. Frankfurt: European Central Bank, 2001.

[25] Phillips P C B. Econometric model determination [J]. Econometrica, 1996, 64: 763-812.

[26] Phillips P C B, Ploberger W. An asymptotic theory of bayesian inference for time series [J]. Econometrica, 1996, 64: 381-412.

[27] Ragusa G. Bayesian likelihoods for moment condition models [R]. Irvine: UC-Irvine, 2007.

[28] Rissanen J. Stochastic complexity and modeling [J]. Annals of Statistics, 1986, 14: 1080-1100.

[29] Robert C P. The bayesian choice [J]. Journal of the Royal Statistical Society, 2003, 125-126.

[30] Robert C P, Casella G. Monte carlo statistical methods [M]. Berlin: Springer-Verlag, 2004.

[31] Roberts G, Gelman A, Gilks W. Weak convergence and optimal scaling of random walk metropolis algorthims [J]. The Annals of Applied Probability, 1997, 7: 110-120.

[32] Robins J M, Ritov Y. Toward a curse of dimensionality appropriate (CODA) asymptotic theory for semi-parametric models [J]. Statistics in Medicine, 1997, 16:

285-319.

[33] Rogerson R, Wallenius J. Micro and macro elasticities in a life cycle model with taxes [R]. Massachusetts: National Bureau of Economic Research, 2007.

[34] Rouwenhorst G. Asset pricing implications of equilibrium business cycle models [M]. Princeton: Princeton University Press, 1995.

[35] Rubin D B. Using the SIR algorithm to simulate posterior distributions [J]. Bayesian Statistics, 1998,3:395-402.

[36] Sahuc J G, Smets F. Differences in interest rate policy at the ECB and the Fed: an investigation with a medium-scale DSGE model [J]. Journal of Money, Credit and Banking, 2008,40(2):505-521.

[37] Schennach S M. Bayesian exponentially tilted empirical likelihood [J]. Biometrika, 2005,92:31-46.

[38] Schmitt-Grohé S, Uribe M. Solving dynamic general equilibrium models using a second-order approximation to the policy function [J]. Journal of Economic Dynamics and Control, 2004,28:755-775.

[39] Sims C A, Uhlig H. Understanding unit rooters: a helicopter tour [J]. Econometrica, 2002,59:1591-1599.

[40] Sims C A, Zha T. Were there regime switches in U. S. monetary policy [J]. The American Economic Review, 2006,96:54-81.

[41] Simon H. Financial accelerator effects in UK business cycles [R]. London: Bank of England, 2001.

[42] Smets F, Wouters R. Comparing shocks and frictions in US and euro area business cycles — a bayesian DSGE approach [R]. Frankfurt: European Central Bank, 2004.

[43] Smets F, Wouters R. Shocks and frictions in US business cycles: a bayesian DSGE approach [J]. The American Economic Review, 2007,97:586-606.

[44] Stiglitz J E, Weiss A. Credit rationing in markets with imperfect information [J]. The American Economic Review, 1981,6:393-410.

[45] Senda T. Asymmetric effects of money supply shocks and trend inflation [J]. Journal of Money, Credit and Banking, 2001,33(1):65-89.

[46] The Treasury Committee of the House of Commons and the House of Lords Select Committee on the Monetary Policy Committee of the Bank of England. The transmission mechanism of monetary policy [R]. London: Bank of England, 1999,4.

[47] Vermeulen P. Business fixed investment: evidence of a financial accelerator in Europe [R]. Frankfurt: European Central Bank, 2000.

[48] 蔡辉明.金融加速器与中国经济波动[J].CCER学刊,2004,2.

[49] 曹永琴.中国货币政策非对称效应研究[D].上海:复旦大学,2008,5.

[50] 曹永琴.中国货币政策产业非对称效应实证研究[J].数量经济技术经济研究,2010,9.

[51] 曹永琴,李泽祥.货币政策非对称性效应形成机理的理论述评研究[J].经济学家,

2007,4.
[52] 曹永琴,李泽祥.金融摩擦视角下金融经济周期加速传导机制研究——中国的证据[R].上海市社会科学界第七届学术年会文集(2009年度)经济、管理学科卷[C].2009.
[53] 陈旭升,汤茹茵.动态随机一般均衡(DSGE)模型在货币政策制定上的应用:一个带有批判性的回顾.[R].台北:台湾大学,2011.
[54] 崔光灿.资产价格、金融加速器与经济稳定[J].世界经济,2006,11.
[55] 戴金平,金永军.货币政策的行业非对称效应[J].世界经济,2006,7.
[56] 董德志,投资交易笔记:2002—2010年中国债券市场研究回眸[J].北京:经济科学出版社,2011.
[57] 杜清源,龚六堂.带"金融加速器"的RBC模型[J].金融研究,2005,4.
[58] 耿强,章雳.中国宏观经济波动中的外部冲击效应研究[J].经济评论,2010,5.
[59] 金永军,陈柳钦.货币政策结构调整的行业非对称效应分析[J].华侨大学学报(哲学社会科学版),2006(1):48-56.
[60] 李珂,徐湘瑜.中国的金融加速器效应分析[J].中央财经大学学报,2009,7.
[61] 李霜.动态随机一般均衡下中国经济波动问题研究[D].武汉:华中科技大学,2011,5.
[62] 李松华.基于DSGE模型的中国货币政策传导机制研究[D].武汉:华中科技大学,2010,5.
[63] 刘斌.货币政策冲击的识别及我国货币政策有效性的实证分析[J].金融研究,2001,7.
[64] 刘斌.我国DSGE模型的开发及在货币政策分析中的应用[J].金融研究,2008,10.
[65] 刘斌.中央银行经济模型的开发与应用[J].金融研究,2003,4.
[66] 刘金全.货币政策作用的有效性和非对称性研究[J].管理世界,2002,3.
[67] 刘金全,范剑青.中国经济波动的非对称性和相关性研究[J].经济研究,2001,5.
[68] 刘金全,刘兆波.我国货币政策作用非对称性和波动性的实证检验[J].管理科学学报,2003,6(3):35-48.
[69] 刘金全,云航.规则性与相机选择性货币政策的作用机制分析[J].中国管理科学,2004,2.
[70] 刘金全,张艾莲.货币政策作用非对称性离散选择模型及其检验[J].南京大学学报(哲学·人文·社会科学),2003,40.
[71] 凯恩斯.就业利息和货币通论[M].北京,商务印书馆,1983.
[72] 权衡.从经济增长到发展分析:理论范式的总结与创新——比较发展经济学分析框架初探[J].理论月刊,2009,11.
[73] 让·巴蒂斯特·萨伊.政治经济学概论[M].北京:商务印书馆,1963.
[74] 宋泓明,闫小娜,王云海.金融加速器理论述评[J].经济学动态,2003,10.
[75] 隋建利.动态随机一般均衡模型的研究与应用[D].长春:吉林大学,2010,6.
[76] 仝冰.货币、利率与资产价格[D].北京:北京大学,2010,6.
[77] 徐高.基于动态随机一般均衡模型的中国经济波动数量分析[D].北京:北京大学,

2008,5.
[78] 王剑,刘玄.货币政策传导的行业效应研究[J].财经研究,2005,5.
[79] 赵进文,闵捷.央行货币政策操作效果非对称性实证研究[J].经济研究,2005,2.
[80] 亚当·斯密.国民财富的性质和原因的研究(上册)[M].北京:商务印书馆,1972.
[81] 袁申国.中国金融加速器效应研究[D].广州:中山大学,2010,6.
[82] 约翰·斯图亚特·穆勒.政治经济学原理及其在社会哲学上的若干应用[M].北京:商务印书馆,1991.
[83] 赵勇.欧洲中央银行货币政策传导机制分析[J].国际金融研究,1999,1.
[84] 周敏.欧元区货币政策传导机制研究[D].上海:复旦大学,2006.
[85] 周振华.应对金融危机　促进科学发展[M].上海:格致出版社,2009.
[86] 左学金.多学科视野中的转型之路[M].上海:学林出版社,2006.
[87] 左学金,程杭生.中国国有企业改革治理:国际比较的视角[M].北京:社会科学文献出版社,2005.
[88] 左学金,权衡.科学发展与城市国际竞争力[M].上海:上海社会科学院出版社,2006.

致谢

从2006年踏入逸思园,转眼间已过十五载,由硕士、博士,到金融职场,青春年华的每一步成长都饱含着对母校上海社会科学院的感激!此刻,重拾博士论文回眸,既是沉淀过往,更是展望未来。征途星辰大海乘风破浪,归来仍是少年不忘初心。

首先要感谢我的博士生导师原上海社会科学院常务副院长、上海社会科学院经济研究所所长左学金研究员。至今依然记得博士入学第一天,左院长的殷切教导:严谨治学、踏实为人。读博期间,导师言传身教,循循善诱,在学业、生活等各方面给予弟子无微不至的关怀,尤其体现在博士论文的撰写过程中,从选题、换题、开题、修改、成文、定稿,弟子深刻感悟到左老师的悉心教诲,受益匪浅。2010年左老师推荐弟子赴德国柏林自由大学公派留学深造,感恩之情难以用言语表达,唯有铭记于心,辛勤耕耘以不负栽培!柏林自由大学东欧研究所所长、国际政治研究生院院长 Klaus Segbers 教授是我在德国留学期间的导师。得益于教授的严格要求,我在柏林有幸学习西方社会科学研究的方法论体系,收获颇深。真诚表达谢意!Vielen Dank!

还要特别感谢上海市社会科学界联合会党组书记、我的硕士生导师权衡研究员。硕士求学期间导师对弟子悉心培养、润物无声,所传授的宏观分析视野和"规范性"研究框架为日后在学习工作中提升业务能力打下了坚实基础。权老师语重心长的教诲弟子牢记,唯脚踏实地、严于律己以报恩情。

求学长路上,上海社会科学院经济研究所原所长袁恩桢研究员,上海市发展研究基金会副会长乔依德研究员,上海社会科学院经济研究所所长沈开艳研究员、朱平芳研究员、刘社建研究员、黄复兴副研究员等老师对学生关心备至,只能在此表达深深敬意与衷心谢忱!

在此我要特别感谢上海社会科学院应用经济研究所曹永琴副研究员对本研究给予的指导及帮助。上海市人民政府发展研究中心钱洁先生、上海发展与改革委员会史建国先生、华安证券李庆科先生在论文的撰写过程中提出大量宝贵建议及修改意见。在此真诚地感谢各位!

最后我要感谢父亲与母亲,一生之楷模,一生之奉献,非任何辞藻所能承载……永远爱你们的儿子!

孙　亮

2021年春

图书在版编目(CIP)数据

金融加速器视角下货币政策冲击的产出效应研究：以欧元区为例 / 孙亮著. — 上海：上海社会科学院出版社，2021

ISBN 978-7-5520-3513-1

Ⅰ.①金… Ⅱ.①孙… Ⅲ.①货币政策—研究—西方国家 Ⅳ.①F821.0

中国版本图书馆 CIP 数据核字(2021)第 041236 号

金融加速器视角下货币政策冲击的产出效应研究：以欧元区为例

著　　者：孙　亮
责任编辑：应韶荃
封面设计：右序设计
出版发行：上海社会科学院出版社
　　　　　上海顺昌路 622 号　邮编 200025
　　　　　电话总机 021-63315947　销售热线 021-53063735
　　　　　http://www.sassp.cn　E-mail：sassp@sassp.cn
照　　排：南京前锦排版服务有限公司
印　　刷：镇江文苑制版印刷有限责任公司
开　　本：710 毫米×1010 毫米　1/16
印　　张：8.75
字　　数：150 千字
版　　次：2021 年 4 月第 1 版　2021 年 4 月第 1 次印刷

ISBN 978-7-5520-3513-1/F·652　　　定价：48.00 元

版权所有　翻印必究